LK⁷/1392.

ESSAIS
TOPOGRAPHIQUES,
STATISTIQUES
ET HISTORIQUES,

SUR

LA VILLE, LE CHATEAU, LE PORT
ET LA RADE DE BREST.

Les exemplaires exigés par la loi, ont été déposés à la Bibliothèque Royale.

Tout contrefacteur ou débitant de contre-façon, de cet Ouvrage, sera poursuivi suivant la rigueur des lois.

CET OUVRAGE SE TROUVE :

A QUIMPER,

Chez DERRIEN, Imprimeur-Libraire.

A PARIS,

Chez { FIRMIN DIDOT, Imprimeur-Libraire, Rue Jacob, N.º 24.
MAGIMEL, Libraire, Rue Thionville, N.º 9.

ESSAIS
TOPOGRAPHIQUES,
STATISTIQUES
ET HISTORIQUES,

SUR

LA VILLE, LE CHATEAU, LE PORT ET LA RADE DE BREST,

PAR J. L. DAUVIN, *ancien Avoué, ex-Assesseur du Tribunal des Douanes de la ville de Brest, Membre correspondant de la Société Académique des Sciences et Arts de Paris.*

Quæ pelago sese arx aperit metuenda Britannô
Classibus armandis, omni que accommoda bello,
Prædonum terror, Francis tutela carinis,
Æternæ regni excubiæ, domus hospita martis
Magni est opus Lodoici!.... Hunc omnes, omnibus undis
Agnoscant venti Dominum, et Maria alta tremiscant.
    Vers de SANTEUIL pour l'Arsenal de Brest.

A BREST,

CHEZ { P. ANNER, Imprimeur-Libraire.
       J. L. DAUVIN, Auteur, Rue de Siam, N.º 53.

OCTOBRE 1816.

DE L'IMPRIMERIE DE P. ANNER.

DÉDICACE.

A

MES CONCITOYENS.

HABITANS DE BREST,

A qui pouvais-je mieux dédier ces *Essais*, qu'à vous qui, les premiers, me fîtes concevoir la pensée de les composer. La douceur, l'affabilité qui vous caractérisent, les sentimens qui vous distinguent, l'amour et le dévouement que vous avez pour l'auguste famille des BOURBONS, et pour notre souverain chéri, LOUIS LE DÉSIRÉ, tout m'imposait le devoir de vous offrir ce nouvel ouvrage.

Daignez l'agréer avec cette indulgence

ij

dont vous m'avez souvent honoré. En vous présentant votre propre histoire, j'acquitte, aujourd'hui, la dette de la reconnaissance. Puissiez-vous y trouver la preuve de l'amour que je vous porte, amour dont les sentimens seront éternellement gravés dans mon cœur.

Je suis avec un respect sans bornes,

HABITANS DE BREST,

Votre compatriote,
J. L. DAUVIN.

PRÉFACE.

Plusieurs villes de France ont eu, chacune, leur historien. Toutes n'offraient pas, néanmoins, la même importance. Parmi celles dont on aurait dû, peut-être, s'occuper, Brest doit, sans doute, tenir un des premiers rangs.

Cette dernière ville est, sans contredit, l'une des plus intéressantes du Royaume, par la grandeur et la majesté de son port, la beauté, l'étendue et la sûreté de sa rade, et les faveurs signalées dont elle a été comblée par les augustes et légitimes prédécesseurs de notre bien-aimé monarque, Louis le désiré.

En faire connaître l'origine, dire de quelles guerres ou de quels combats elle a été l'objet ou le théâtre, décrire son accroissement progressif, parler de la constante fidélité de ses habitans envers leurs souverains, n'était donc point un travail sans utilité ? Ce motif seul, me l'a fait entreprendre, et me porte aujourd'hui à le livrer au public. Il est le résultat d'un grand nombre de recherches longues et pénibles; des plumes plus exercées que la mienne, auraient pu en former un tableau, tandis que je ne présente, peut-être, qu'une bien faible esquisse: mais si, par ces *Essais*, je donne l'éveil à un Écrivain plus habile, j'aurai atteint le but que je me suis proposé. La ville de Brest aura aussi, alors, son historien, et prendra la supériorité de rang que son importance lui assigne.

Né dans cette ville, qui m'est d'autant plus chère qu'elle réunit, dans son sein, les objets de mes plus douces affections, mon amour-propre s'est, vraisemblablement, laissé égarer par mon attachement à mes concitoyens ; je les en fais juges : et s'il a eu le bonheur de leur plaire, comme ce travail n'est que l'extrait d'un autre beaucoup plus étendu sur le département du Finistère, je pourrai me déterminer à publier, par la suite, ce second manuscrit, auquel j'ai donné tous les soins dont j'étais capable.

Persuadé qu'en m'adonnant à ces occupations, j'ai rempli le devoir d'un citoyen honnête et reconnaissant des faveurs dont j'ai été honoré, je paye, avec plaisir, à ma ville natale, le juste tribut que je lui dois.

La critique trouvera, j'en suis certain d'avance, matière à ses observations. Justes, je les recevrai avec soumission, et je me ferai un devoir d'en profiter. Tout autres n'obtiendront de moi que l'accueil auquel elles doivent naturellement s'attendre.

J'ai fait tous mes efforts pour être parfaitement exact sur les faits ; je crois n'avoir rien avancé sans preuves ; j'espèrerai, conséquemment, avec calme, le résultat de l'opinion : s'il m'est favorable, je m'en glorifierai, non pour moi, mais pour mes concitoyens que j'aurai offerts à l'estime et à la considération des habitans du Royaume.

ESSAIS

ESSAIS

TOPOGRAPHIQUES, STATISTIQUES

ET HISTORIQUES,

SUR

LA VILLE, LE CHATEAU, LE PORT

ET LA RADE DE BREST.

BREST, suivant Ogé, Ingénieur-géographe de l'ancienne province de Bretagne, est placé par les 6°, 50′, 50″, de longitude, et par 42°, 24′, 30″, de latitude.

D'après le Dictionnaire géographique de Boiste, sa longitude est, au contraire, de 15°, 10′, 10″, tandis que sa latitude est de 48°, 22′, 55″.

Cette ville est bâtie à peu de distance de l'embouchure de la rivière d'Elhorn, sur les deux rives de celle de Caprelle, ou Penfel.

Cette dernière divise Brest en deux parties, l'une à droite, connue sous le nom de Recouvrance, nom qu'elle doit à une chapelle sous l'invocation de Notre-Dame de Recouvrance, parce qu'on y consacrait des *Ex-voto* pour recouvrer les navires que l'on croyait perdus, et l'autre, sur la rive gauche, constamment indiquée sous la dénomination de Brest.

L'ancienneté de l'existence de cette cité ne saurait être révoquée en doute. Auguste, dans la répartition qu'il fit de la Gaule celtique, en quatre provinces principales, vingt-sept ans avant l'ère chrétienne, place le port de Brest, *Brivates portus*, dans la troisième lionnaise, et dans la seconde des Celtes Armoricains.

Parmi les divers noms que les anciens lui ont donnés, on distingue ceux de Gœso-Cribates et de Cœso-Britates.

D'après l'itinéraire d'Antonin, Brest, dans l'origine de son établissement aurait, effectivement, porté ce dernier nom. Ce qui ne permet pas d'en douter, c'est que cet itinéraire marque la distance de Nantes à Cœso-Britates, et cette distance est la même que celle qui existe encore de la première à la dernière de ces villes.

Pierre Le Baud, l'un des premiers historiens de la Bretagne, sans s'arrêter aux dénominations précédentes auxquelles il ajoute celle de Brœsta, prétend que Brest était, primitivement, appelé Occismor, et passait pour la capitale des Occismiens (1).

Cette opinion me paraît fondée. En lisant cet auteur, elle me le semble beaucoup plus que celle de Duchêne qui, dans ses antiquités de la France, soutient que le nom de la province de Bretagne dérive de celui de Brest. Ce dernier écrivain ne fournit aucune preuve à l'appui de ce qu'il avance à cet égard, et ne mérite pas, conséquemment, qu'on ajoute la moindre foi à son assertion.

En s'arrêtant à ce qui vient d'être dit, il est vraisemblable que dans les premiers temps de la création du royaume de la petite Bretagne, Brest fut une ville assez considérable, puisque, suivant Le Baud, à la mort de Salomon, fils d'Urbien, et gendre de Flavus, patrice et consul de Rome, dix-neuf ans après que l'empereur Honorius eut associé à l'Empire le fils d'Arcadius, cette ville était Capitale, et possédait un évêché qui fut, ensuite, transféré à Castel-Pol, aujourd'hui Saint-Pol-de-Léon.

Salomon, dit l'historien de la reine Anne de Bretagne, ayant perdu la vie dans une émente populaire, en 412, Flavus, son beau-père, supplia l'Empereur de lui permettre de venger cet assassinat. Théodose y ayant consenti, ce consul entra, les armes à la main, dans la contrée, et y mit tout à feu et à sang. Ce fut alors que ce séjour des premiers rois Armoricains fut détruit, à l'exception néanmoins d'un petit châtel, et perdit, sans retour, le nom harmonieux d'Occismor, pour prendre celui de Brest sur Caprelle.

Depuis cette funeste époque, jusqu'en 856, l'histoire garde un silence absolu sur cette intéressante cité. On a cependant tout lieu de penser que, tandis que les bretons repoussaient, par la force de leurs armes, les attaques de leurs ennemis, elle ne fut pas plus exempte que les autres des maux inséparables de la guerre. Mais, comme les auteurs des différentes histoires de Bretagne n'en ont fait aucune mention, je me garderai bien de ne pas imiter leur prudente circonspection.

En 856, Salomon III (2), dernier roi de l'Armorique, mourut cruellement assassiné par ses parens. Il était fils de Rivallon l'aîné, et neveu de Néomène, qui, sous le règne de Charles le chauve, en France, laissa le sceptre et la couronne de Bretagne à son fils Héruspoë.

Salomon succéda à ce dernier dont, suivant quelques chroniqueurs, il hâta les derniers momens.

Quoiqu'il en soit, on dit généralement, que ce prince fut aussi brave que pieux. Il combattit, avec succès, les peuples du Nord qui avaient opéré une descente dans ses états, et les contraignit à se rembarquer.

Il régna onze ans, d'après d'Argentré, et tomba sous les coups de ses cousins germains, les seigneurs de Léon et de Goëlo. Avec lui finit le gouvernement monarchique des Bretons commencé sous Conan-Mériadec. Ce peuple fut, dès lors, commandé par des Comtes, dont le premier fut celui de Vannes, connu sous le nom d'Alain-Rébré.

Il serait difficile, dit cet auteur, d'assigner la cause qui opéra ce changement : tout ce qu'on sait, c'est qu'il se fit sans secousse violente, en 879.

A compter de cette année, jusqu'en 1065, il n'est encore, nulle part, question de Brest. A cette époque seulement, Conan II, duc de Bretagne, augmenta cette ville, fortifia son château, et y fit construire une église sous l'invocation de la très-sainte Trinité.

En 1240, suivant dom Morice, en 1245, d'après dom Lobineau, tous deux historiens estimés de la province bretonne, Brest commença à jouir d'une importance réelle qui n'a fait qu'augmenter. La beauté, l'étendue de sa rade, l'utilité de son port formé par la nature, excitèrent, tour-à-tour, l'envie des anglais et des espagnols. Ces deux peuples ne négligèrent successivement aucune occasion de s'en emparer.

Les ducs de Bretagne avaient aussi, depuis long-temps, senti les avantages que pouvait leur procurer la possession de cette place, et montré, plusieurs fois, le désir d'en faire l'acquisition. Mais leur état de guerre presque continuelle avec les chefs de l'Armorique, avait offert un obstacle constant à leurs desseins. Guiomarch VII, comte de Léon, etant mort, la province jouit de quelques instans de calme. Jean-Leroux qui la gouvernait, habile à profiter de cette heureuse circonstance, et de celle plus heureuse encore de la dissipation d'Hervé, fils de Guiomarch, lui fit proposer de la lui vendre; Hervé y consentit, et le traité de cession fut passé, à Quimperlé, le 12 mars, 1240 (3). (*Dom Morice, hist. de Bretagne*).

En 1276, les anglais avec lesquels Jean II, fils de Leroux, étaient en guerre, firent une descente à Brest, sous les ordres du comte de Lincoln, s'emparèrent des vivres qu'ils y trouvèrent, et après trois ou quatre jours de repos, reprirent la mer pour se rendre dans le golfe de Gascogne.

La rade de cette ville servit, en 1340, d'asile à l'armée navale française battue par celle d'Angleterre.

En 1341, Jean, comte de Montfort, compétiteur de Charles de Blois, pour la succession au duché de Bretagne, mit le siège devant cette place. Gauthier de Clisson y commandait. Sommé de la livrer, il s'y refusa, fit une sortie vigoureuse, et rentra dans ses murs, victorieux, mais dangereusement blessé. Le lendemain de cette attaque il avait cessé de vivre, et ses compagnons capitulèrent le surlendemain.

Tanneguy-Duchâtel en était gouverneur, l'année suivante. Il combattait sous les ordres de l'illustre Jeanne de Flandres, comtesse de Montfort.

Philippe de Valois, roi de France, ayant, dans une de ses lettres, reproché à ce seigneur breton l'abandon de ses drapeaux, et son attachement à un parti que ce monarque détestait, Duchâtel lui répondit respectueusement :

« Qu'il n'avait jamais eu l'intention de porter
» les armes contre sa Majesté; qu'il s'était seule-
» ment mis en défense contre Charles de Blois, et
» contre Hervé de Léon, qui voulaient tous deux le
» ruiner, parce que, fidèle à ses sermens, il soutenait
» les droits de celui qui était son Seigneur-lige, et
» du vrai sang de Bretagne; que sa défense était
» légitime, et qu'il la continuerait, à moins que sa
» Majesté ne lui prescrivît et ordonnât le contraire. »

Cette lettre, ferme sans orgueil, soumise sans bassesse, ne laissait aucun espoir aux partisans de Charles de Blois. Philippe garda le silence, et Tanneguy-Duchâtel conserva, à la digne épouse de Montfort, la fidélité qu'il lui avait jurée.

Brest reçut, cette même année, dans ses murs, non seulement Robert d'Artois accompagné de Northampton, de Dévonshire, du sire de Courtenay, de Raoul de Stafford, de Jean d'Arcy, et de plusieurs autres seigneurs anglais; mais encore Edouard III, lui-même, roi de la Grande-Bretagne. Ce monarque attaqué et vaincu par les espagnols, auprès de Vannes, fut trop heureux de trouver les ports de Brest et de Hennebont, pour y recueillir les débris de sa flotte.

Cinq ans après, Charles de Blois vaincu et fait prisonnier à Aurai fut, d'abord, conduit et détenu au château de Brest, et ensuite transféré en Angleterre.

Raoul de Cahours, l'un des meilleurs capitaines au service de la comtesse de Flandres, séduit, en 1351, par les agens du successeur de Philippe de Valois, abandonne tout-à-coup les drapeaux de sa souveraine, et promet de livrer à la France les villes de Vannes, de Guerrande, de Quimperlé, d'Hennebont et de Brest. Sa trahison est heureusement découverte; et le perfide meurt également abhorré des deux partis.

Depuis longtemps la France et la Bretagne se faisaient une guerre cruelle. En 1372, Jean IV, duc de cette province, connaissant l'insuffisance de ses moyens pour y résister toujours avec succès, par un traité passé à Westminster, abandonne aux anglais la ville et le château de Brest, à la charge, par eux, de les défendre et conserver pendant la guerre, et de les lui rendre à la paix (4). En vertu de ce traité purement politique, la forteresse bretonne eut bientôt une nombreuse garnison.

L'année suivante, le connétable Duguesclin, si justement célèbre par ses hauts faits d'armes, se présenta, sous ses murs, pour en faire le siège. Robert Knolles, qui eut ensuite l'honneur d'être un des champions anglais au fameux combat des trente, en partageait le commandement avec le sire de Neuville. La citadelle vivement pressée fut défendue de même. Le Connétable n'avait pas de forces assez considérables pour l'emporter d'assaut. Il consentit donc, le six juillet, à une trêve par laquelle Robert Knolles devait remettre aux français la ville et le château assiégés, s'il n'était pas secouru avant deux mois. Des ôtages furent donnés réciproquement, pour garantie de l'exécution de cette convention. *(Dom Morice).*

Pourquoi faut-il que presque toujours la loyauté des traités se trouve obscurcie par des violations imprudentes, et barbares par leur résultat ! sur les remontrances d'Olivier de Clisson, le plus cruel et le plus féroce ennemi des insulaires de la Grande-Bretagne, le Duc présent à ce siège eut, en l'absence de Duguesclin qui ne l'eut jamais souffert, la faiblesse de faire trancher la tête aux ôtages livrés par son ennemi, afin de précipiter la reddition de la place. Knolles, justement indigné de cet attroce oubli de la foi des traités, ordonne, sur le champ, de dresser un vaste échaffaud en dehors des fenêtres de la salle la plus élevée du château, et là, en présence de l'armée assiégeante, fait à son tour décapiter, par représailles, quatre seigneurs français. L'une de leurs têtes lancées dans le camp ennemi roula, dit-on, jusqu'aux pieds de Clisson, et s'y arrêta, comme si elle eut voulu lui reprocher un crime inutile. Les esprits étaient mutuellement exaspérés, et, à la fin de la trêve, Brest serait devenu indubitablement le théâtre des scènes les plus sanglantes, si le comte de Salisbury ne s'était pas, le 2 août suivant, montré avec de puissans secours. Duguesclin convaincu de l'inégalité de ses forces, et aussi avare du sang de ses soldats, que prodigue du sien pendant l'action, leva le siège, et fit nuitamment sa retraite, dès que la trêve fut expirée. Le comte de Salisbury entra, aussitôt, dans la ville, lui prodigua en vivres et en munitions tout ce qui pouvait contribuer à une longue défense, et retourna ensuite en Angleterre.

Les fortifications de Brest furent augmentées en 1374. Il y avait suspension d'armes entre la France et la Bretagne; Brest était rendu à son souverain : les anglais, l'année suivante, pillèrent et incendièrent les places du Conquet et de Saint-Mathieu. (5 et 6).

En 1378, la guerre était de nouveau allumée entre les français et les bretons. Les villes d'Aurai, de Derval et de Brest étaient, à cette époque, les seules qui fussent demeurées fidèles au duc de Bretagne. La France les menaçait : Jean IV avait une prédilection marquée, sur-tout pour la dernière. Afin de la conserver, et en même temps, pour ne point perdre les autres, il sollicite de nouveaux secours de la Grande-Bretagne, et le 5 avril de cette année, consent un nouveau traité, par lequel il s'impose l'obligation de céder à ses alliés les château et châtellenie de Brest, avec tous leurs droits, à condition néanmoins, qu'ils n'en jouiront qu'au nom du Duc, et non autrement.

Il était dit par une des clauses de ce traité, signé et ratifié par le duc de Lancastre, les comtes de la Marche, d'Arundel, de Warvick, de Stafford et de Suffolck qui se rendirent garants de son exécution, que, si le Duc mourait sans enfans, cette place appartiendrait, irrévocablement et sans réserve, au monarque anglais ou à ses héritiers; et que ce souverain donnerait, en échange, un château et une terre dans ses états, d'une valeur annuelle de sept cents marcs d'argent.

On devait, en outre, compter à la duchesse de Bretagne une somme de mille livres sterling, dès la prise de possession de Brest. Il fut stipulé, de plus,

1.º Que le Duc aurait, à sa volonté, la faculté d'entrer dans cette ville, et d'en sortir, toutes les fois que ses affaires l'y amèneraient;

2.º Qu'il pourrait enlever les meubles, joyaux, et autres effets de prix qui y seraient trouvés lors du traité;

3.º Qu'il serait fait un inventaire exact des vivres et artillerie de cette place, et que les agens du roi d'Angleterre seraient tenus de les rendre au Duc, en même nombre et qualité, en lui remettant la ville et le château.

4.º Enfin, que si le château de Brest était vendu ou perdu pendant la guerre, les alliés seraient obligés de faire tous leurs efforts pour le recouvrer et le remettre au Duc qui jouirait, par continuation, de la terre et du château lui assignés en Angleterre, jusqu'à la restitution complète de ce qu'il ne cédait qu'à ces clauses et conditions expresses.

Ce traité ratifié, de part et d'autre, les anglais entrèrent dans la place, le 15 juin suivant.

Ces conventions avaient été secrètes : dès que la France en fut instruite, les troupes de ce royaume, sous les ordres du vicomte de Rohan, des sires de Laval, de Léon, de Clisson, et de Beau-Manoir, attaquèrent aussitôt, mais vainement, cette cité si recherchée. Jean IV, revenu d'Angleterre, les obligea de se retirer avec précipitation.

Olivier de Clisson reparut cependant bientôt après devant Brest, et recommença l'attaque. Il pressa si vivement les anglais, que Thomas Percy, qui les commandait, se hâta de se rendre en Angleterre pour y obtenir des secours. On les lui accorda. La flotte qui les apportait fut, à son attérissage, accueillie par un coup de vent si impétueux, que presque tous ses navires disparurent sous les flots de l'océan. Percy échappé, pour ainsi dire miraculeusement, à cet horrible désastre, rentra dans Brest avec des débris bien faibles, à la vérité, suffisans néanmoins pour faire avorter les projets des assiégeans.

Fatigué d'une guerre aussi pénible que longue, jaloux de rendre le repos à son peuple, Jean IV se décida enfin, en 1381, à reconnaître Charles VI, roi de France, pour son souverain; et, le vingt-sept septembre de la même année, lui fit publiquement hommage de son duché.

N'ayant plus rien à redouter de la part des français, le duc de Bretagne s'occupa de rentrer dans la possession de Brest. Il envoya donc une brillante ambassade en Angleterre, ambassade qui, malgré les qualités distinguées de ceux qui la composaient, essuya cependant l'affront d'un refus positif.

Irrité de ce refus, Jean IV se proposait déjà de conquérir, par la voie des armes, ce qu'on lui refusait. Il s'était, à cet effet, rendu sous les murs de cette ville. Ramené à des moyens plus doux, par les conseils d'une sage prudence, il accorda aux anglais une trève illimitée.

En 1384, nouvelle ambassade pour le même objet: nouveau refus de la part du gouvernement britannique, qui renvoya la décision de cette affaire à la conclusion de la paix qui se préparait entre la France et cette seconde puissance.

Désolé de l'inutilité de ces négociations et déterminé d'ailleurs, autant par les insinuations des ducs de Berry et de Bourgogne, que par sa propre animosité, ce prince mit, pour la seconde fois, le siège devant Brest. Jean-Roche y commandait alors la garnison. Le Duc se montra suivi de dix mille hommes. Duguesclin avait fait construire, en bois, un fort confié à la garde du sire de Malestroit. Jean IV ne lui trouvant pas assez de solidité ordonna, le 22 juin, 1386, d'en commencer un autre en pierre. Il fit donner aux murs dix pieds d'épaisseur, et flanqua le tout de sept grosses tours égales en forces à la tour principale. Les travaux furent poussés avec vigueur, et malgré les efforts des assiégés, achevés et en état de défense, au bout de trois semaines. (*Dom Morice*).

Resserré de tous côtés, Jean-Roche se trouvait dans la position la plus critique. Il se voyait, à regret, forcé de succomber. Heureusement pour lui, le duc de Lancastre, après avoir parcouru les côtes de la Normandie avec une flotte considérable, se montre pour le protéger. Sa présence ranime les assiégés, et sa descente s'opère sans difficulté.

Le lendemain, au lever de l'aurore, les deux armées se trouvent rangées, et opposées l'une à l'autre, sur les glacis du château. Le grand Prieur de St.-Jacques en Gallice, avait sollicité et obtenu l'honneur de la première attaque. La charge sonne, les combattans se mêlent, et l'orgueilleux espagnol, vaincu par les bretons, se retire couvert de ridicule et de confusion.

Le surlendemain, les anglais renouvellent leur attaque. La fortune se déclare, d'abord, en leur faveur. Les soldats de Duguesclin fuient, et rentrent confusément dans la citadelle nouvellement édifiée. Rougissant bientôt de leur retraite, et ranimés par les discours du sire de Malestroit, ils s'élancent avec fureur sur leurs ennemis, et les contraignent, à leur tour, à franchir leurs propres barrières.

Pendant ces combats partiels devant la tour principale des assiégeans, des mineurs anglais, protégés par des archers de leur nation, étaient descendus d'un autre côté, dans le fossé d'une tour qui faisait partie de la clôture générale des ouvrages élevés par le duc de Bretagne. Arrivés au pied de cette tour, ils la sappent avec une si grande ardeur, que bientôt elle se fend par son milieu, et occasionne, par sa chute, la mort de plusieurs soldats des deux partis. Après ce succès, l'anglais rentre dans Brest, persuadé d'achever sa victoire le jour suivant. Jean IV, convaincu de son impuissance, profite de ce délai, et, la nuit même, favorisé par les ténèbres, se retire sur Hennebont, sans être inquiété.

Cette vaine tentative, loin de déconcerter le Duc, ne fit, au contraire, que l'aigrir de plus en plus. Le duc de Lancastre, après son triomphe, avait fait raser tous les travaux de l'armée ennemie, s'était rembarqué, et avait pris la route de son île. A peine était-il disparu, que le prince breton revint sur ses pas.

Il fallait cette fois empêcher l'anglais de donner, par mer, aucun secours à la place. Dans l'espoir d'y parvenir, on construisit un fort sur des bateaux parfaitement unis et enchainés, et ce fort fut placé au milieu du goulet. Cet ouvrage était en bois. Pour le défendre, le souverain de la Bretagne ordonna d'en élever deux autres en pierre sur les rives parallèles des côtes de Crozon et de Saint-Pierre Quilbignon. Précaution illusoire !.... Richard, comte d'Arundel, et le comte de Dévonshire, se présentent, au mois d'avril, 1387, s'emparent du fort sur la mer, détruisent l'un des deux autres établis sur la côte, fournissent à la ville et à la citadelle assiégées pour deux mois de vivres et de munitions, et reprennent ensuite la mer.

Né avec un caractère opiniâtre, le Duc fit relever, pendant l'été de la même année, les travaux que l'on venait de renverser. Le succès ne couronna pas davantage cette dernière entreprise, qu'il n'avait couronné les précédentes. Henri de Percy, fils du duc de Northunberland se fit voir, en automne, se rendit maître de la nouvelle forteresse en bois posée au milieu du goulet, et établit garnison, sur la côte, dans celle qui avait été reconstruite en pierre.

Ces revers multipliés firent reprendre à Jean IV, la voie des négociations. Afin d'éviter un troisième refus, et de nouveaux délais, il proposa le mariage de Marie de Bretagne, sa fille ainée, avec Henri, fils ainé du comte de Derby, et petit-fils du duc de Lancastre.

Cette proposition eut lieu en 1395. Elle était trop avantageuse au seigneur anglais pour ne pas le combler de joie : aussi, s'empressa-t-il de faire connaître au chef des bretons toute la satisfaction qu'elle lui faisait éprouver.

Assuré, alors, d'un puissant appui auprès de la cour britannique, il envoya, dans les premiers jours de 1396, une troisième ambassade en Angleterre. Elle y fut parfaitement reçue. Les anglais lui accordèrent ses demandes, à la condition, toutefois, de leur payer, avant tout, une somme de cent-vingt mille écus d'or. *(Dom Morice)*.

D'après cette convention, Richard II, roi d'Angleterre, donna, le cinq mars de cette année, à Guillaume Lestrop, son chambellan, des pouvoirs pour toucher cette somme en Bretagne. Elle fut acquittée, le six mai suivant; mais Brest ne fut point, pour cela, restitué trois semaines après, ainsi que l'on en était convenu.

Au lieu de marier sa fille au fils du comte de Derby, Jean IV l'avait unie, au contraire, à l'aîné des enfans de Pierre II, duc d'Alençon. Ce manque de foi fut la cause du retard dont on vient de parler. Le duc de Lancastre, justement courroucé, recula, autant que possible, la remise de cette place importante, afin de se venger de l'injure qu'il avait reçue.

Cependant, après dix-neuf ans d'une possession non interrompue, les anglais consentirent à la rendre à son légitime souverain. Le mariage d'Isabeau, fille de Charles VI, roi de France, avec Richard II, roi d'Angleterre, contribua beaucoup à cet heureux évènement. Les deux monarques s'étant réunis

entre

entre Ardres et Guignes, la jeune Reine fut remise entre les mains de son époux, qui la conduisit en pompe dans ses états.

L'un des fruits les plus avantageux de cette entrevue, fut la promesse positive de restituer Brest au pouvoir de l'ancien comte de Montfort. Ce ne fut néanmoins qu'en 1397, que cette ville rentra sous la domination de son ancien maître. Jusqu'à cette époque, le monarque anglais éluda constamment ses demandes. Il céda enfin, et Jean Drake reçut l'ordre de se rendre en Bretagne pour terminer cette affaire. Afin que la remise de cette ville et de son château ne souffrit aucun retardement de la part de Jean de Hollande, qui en était alors le gouverneur, Richard II le releva du serment de fidélité, et lui enjoignit de s'en dessaisir entre les mains du Duc, ou de ses procureurs, en se conformant aux mêmes clauses et conditions énoncées dans le traité du quinze avril 1378. D'après des lettres patentes du prince breton, la reddition, si longtemps désirée, eut lieu enfin le douze juin, et le même jour, Jean IV se démit de la seigneurie de Resing, en Angleterre.

Depuis cette mémorable époque, les insulaires de la Grande-Bretagne ont plusieurs fois essayé de rentrer dans cette place. Le siècle suivant les vit renouveller de nombreuses tentatives à cet égard, et fut sans cesse le témoin de leurs humiliantes défaites.

Richard II avait été assassiné en Angleterre, en

B

1399. Charles VI, son beau-père, fit passer à Brest huit mille hommes de troupes aguerries et bien disciplinées. Elles devaient marcher sous les ordres du comte de la Marche. Les anglais instruits de ce projet, mirent sur le champ tout en œuvre pour en arrêter l'exécution. Conduits par le comte de Beaumont, créature de l'usurpateur Henri IV, ils se rendirent devant la ville dont on retrace l'histoire. Leur dessein était de brûler la flotte qui les menaçaient. Le maréchal de Rieux, suivi de sept cents hommes d'armes et des habitans des communes environnantes, protégé et soutenu d'ailleurs par Jean V, fils et successeur de Jean IV, ne leur en laissa pas le temps.

Les anglais, au lieu de diriger de suite leur attaque contre la ville, s'étaient amusés à escarmoucher avec les riverains armés de fourches, de fléaux et d'arbalètes. De Rieux profita de leur faute, fit mettre pied à terre à ses gens d'armes, et se joignit aux cultivateurs pour les empêcher de plier. L'action devint alors plus vive, et la mêlée plus sanglante. Le duc Jean V parut en cet instant, avec un renfort. A sa vue, les anglais effrayés prirent la fuite vers leurs vaisseaux, et tombèrent sous les coups de leurs assaillans. Il en fut fait un carnage affreux. Tanneguy-Duchatel, alors gouverneur de Brest, avait à venger sur ces ennemis la mort de son frère, récemment immolé par leurs compatriotes. Il choisit sa victime, et le comte de Beaumont reçut la mort de sa propre main.

Dans le même temps à peu près, une victoire navale signala le commencement du règne du jeune Duc.

Le sire de Penhoat, amiral de Bretagne, prévenu que les anglais tenaient la mer avec beaucoup de bâtimens, sortit avec les siens du port de Roscoff, et se mit à leur poursuite. Il les atteignit près la pointe de Saint-Mathieu, et les attaqua avec impétuosité. Le combat fut terrible pendant trois heures : la victoire se décida enfin pour les bretons. Les anglais vaincus, se retirèrent avec une perte de deux mille hommes, et plus de quarante navires pris ou coulés à fond.

La fortune ne nous fut pas aussi favorable, en 1416; la flotte du sire de Beaumanoir, battue et dispersée par ces insulaires, ne gagna le port de Brest qu'avec la plus grande difficulté.

En 1453, les anglais préparèrent un armement considérable, toujours contre cette même cité. Pierre II, second fils de Jean V, et souverain de la province, en fut secrètement informé. Il ordonna conséquemment des préparatifs de défense. Tous les hommes jaloux d'acquérir quelque gloire accoururent en foule, et se renfermèrent dans cette place menacée. Les ennemis l'apprirent, et se retirèrent. Avant toutefois de se remettre totalement en mer, ils attaquèrent et brulèrent, sur la côte, le bourg de Crozon. (*Dom Charles Taillandier, histoire de Bretagne*).

Brest fut pris, en 1489, par le vicomte de Rohan,

traître à la Bretagne. L'espoir d'une plus grande fortune l'avait rangé sous les drapeaux de Charles VIII, roi de France. (*Dom Taillandier*).

Cette même année est encore remarquable par la défection de l'amiral Quellénec, vicomte du Faou, et par celle du maréchal de Rieux, tuteur de la jeune duchesse Anne de Bretagne.

Le premier ayant armé une flotte contre sa souveraine, s'était chargé de couvrir Brest, du côté de la mer, contre les entreprises des anglais et des bretons unis, par un pacte récent entre la fille de François II, dernier duc Bretagne, et Henri VII. Il fut dépouillé de tous ses emplois.

Le second était partisan du duc d'Albret, l'un des prétendans à la main de la jeune duchesse, sa pupille. Il voulut l'obliger à s'unir à ce seigneur; elle s'y refusa. Humilié par ce refus, de Rieux forma le siège de Brest, et en sa qualité de grand maréchal de Bretagne, opéra par mer, le blocus de sa forteresse. Il avait soixante bâtimens sous ses ordres. Malgré tous ces moyens, sa trahison ne lui fut d'aucune utilité. Elle avait généralement fait horreur. Dès qu'il eut commencé les travaux du siège, une désertion presque totale diminua et affaiblit considérablement son armée. L'amiral Grasville, aux ordres de Charles VIII, en dispersa les restes, et ne laissa au maréchal que la honte et le remords d'une conduite aussi déloyale.

En 1491, la duchesse Anne épouse Charles VIII,

et conserve la souveraineté de son duché, que le monarque français s'oblige de défendre.

Indépendamment de la clause qui, dans le contrat de mariage de cette princesse, donnait à Charles VIII la pleine et entière propriété du duché de Bretagne, dans le cas où son épouse mourrait la première, et sans enfans; il en existait une autre qui obligeait Anne à s'unir avec le successeur de ce prince, s'il venait à cesser de vivre avant elle.

Le duc d'Orléans, parvenu au trône sous le nom de Louis XII, en 1498, fit valoir cette convention. La reine douairière s'était retirée à Nantes, séjour ordinaire des ducs de Bretagne. Il y fit demander sa main. Louis XII avait épousé Jeanne de France, fille de Louis XI : il la répudie, le 10 décembre, et le 18 janvier, 1499, célèbre ses secondes noces dans le château de Nantes, avec cette magnificence et ce goût épuré que tous les historiens lui accordent.

Avant cette union, Louis XII, par un traité passé à Étampes, avait promis de rendre à la duchesse toutes les places fortes de la Bretagne, à l'exception de Nantes et de Fougères, qu'il devait garder pour garantie de son mariage. Un capitaine nommé Carreau, commandait alors la ville de Brest. Il eut connaissance de ce traité; mais par intérêt pour son souverain, il crut ne point devoir lui obéir, au moins sur le champ. Il ne remit en effet son commandement, qu'après des refus réitérés, et lorsque le seigneur de Carente entra dans la ville, avec la commission expresse du roi de France de la lui faire évacuer.

Le premier combat naval remarquable pendant le règne de cette princesse, eut lieu en 1512, entre les anglais et les français. Les premiers montaient quarante-deux forts bâtimens, et plusieurs autres d'une moindre grandeur. La prise de la ville et du château de Brest était le but principal de cette expédition. (*A. Thévenard. Mém. sur la marine, tome II*).

Incapables de garder la rade contre des forces aussi supérieures, les français s'étaient retirés dans le port de cette ville. Ils y attendaient avec impatience l'arrivée de l'amiral Prégent de Coativy, qui devait leur amener du secours. Prévenu de cette attente, le général anglais entre dans la rade de Brest, y jette l'ancre, feint une descente, et détache sur les côtes plusieurs chaloupes armées. Trompés par cette ruse, plus de dix mille français accoururent pour s'opposer à ce débarquement. Il profite de leur absence de la ville, descend réellement sous ses murs, fait une incursion sur ses glacis, et se retire, ne pouvant s'y loger, faute de munitions.

Le port ne souffrit point de cette attaque. Il avait été couvert, à son embouchure, par des batteries formidables, et trente-quatre navires unis par des chaînes très-fortes et très-courtes, protégeaient les vaisseaux armés, et placés derrière à une certaine distance.

Prégent de Coativy paraît enfin! Voyant la rade au pouvoir de l'ennemi, il se retire au Conquet, et s'y place entre deux rochers hérissés de canons.

L'amiral anglais jaloux de le forcer dans cette position, s'embarque sur une de ses galères, en confie une seconde au lord Ferrers, s'avance ensuite avec deux grandes berges, et deux fortes chaloupes. Il anime le courage de ses soldats, et tente l'abordage, suivi d'un capitaine espagnol nommé Carroz. Il est reçu par des braves. La résistance qu'on lui oppose est si vigoureuse, que ses compatriotes déconcertés l'abandonnent et prennent la fuite. Les malheureux qui ne peuvent se rembarquer sont impitoyablement jettés à la mer, et y périssent victimes de la pusillanimité de leurs compagnons.

Lord Ferrers voulait rétablir le combat avec la galère qu'il commandait; mais voyant celle de son général éloignée, et reconnaissant la disproportion de ses forces, il prit, avec douleur, le parti de la retraite.

Dans cette sanglante affaire, l'amiral ennemi se trouva au nombre des noyés. Ses troupes vaincues, reprirent le chemin de leur île. Prégent de Coativy les y accompagna, descendit dans le comté de Sussex, le ravagea, et sachant user de la victoire, reparut et attérit sur les côtes de France, chargé de dépouilles aussi considérables que précieuses.

Un autre combat digne d'une honorable mention, fut celui que Hervé Porsmoguer, gentilhomme du comté de Léon, commandant le vaisseau la Cordélière et douze autres bâtimens français, livra le 10 août 1513, à une flotte anglaise dont le vaisseau amiral se nommait le grand Henri (7).

La Cordélière combattait au vent (8). Le feu ayant pris à son bord, et toute tentative pour l'éteindre étant vaine, elle arriva subitement sur le grand Henri et l'accrocha si fortement, que ce vaisseau ne put jamais s'en dégager. L'intrépide Porsmoguer, environné de feu, monta dans la hune, et s'y voyant poursuivi par les flammes, s'élança tout armé dans les flots, où il trouva une mort inévitable, mais glorieuse. Cet incendie flottant fut poussé par un vent de nord jusqu'à l'entrée du goulet de Brest, où les deux vaisseaux furent entièrement consumés, et offrirent un spectacle épouvantable, tant aux deux escadres glacées d'horreur, qu'aux habitans de la contrée accourus sur les rivages environnans.

Ces deux victoires importantes inspirèrent une telle crainte aux anglais, qu'ils n'osèrent se montrer sur cette extrémité des Gaules, qu'en 1548.

Jérôme de Carné était, à cette époque, gouverneur de Brest. Il savait que ces ennemis n'avaient qu'ajournés leurs projets sur cette ville, il en prévint Henri II, roi de France. Ce souverain ordonna aussitôt au duc d'Étampes, commandant général de la Bretagne, d'armer tous les bâtimens disponibles, et de déclarer à ses sujets habitans de l'Armorique, que les prises qu'ils feraient à l'ennemi, leur appartiendraient en totalité. Ces dispositions rendirent l'armement anglais de nul effet.

En 1559, ces insulaires crurent avoir trouvé un moment plus favorable pour la réussite de leurs desseins hostiles.

Irrités de la prise faite par le duc de Guise, de la ville de Calais, qu'ils avaient possédée sans interruption pendant le long espace de deux cent-dix ans, ils armèrent, cette année, une flotte redoutable, et en confièrent le commandement général au lord Clinton, leur grand amiral. Cette flotte fut jointe en mer par celle du vice-amiral de Hollande, sujet de Philippe II, époux de Marie, reine de la Grande-Bretagne. (*Dom Taillandier*).

Cette armée combinée surprit d'abord Belle-Ile, y brula quelques bâteaux pêcheurs, et se présenta ensuite dans l'Iroise, devant Saint-Mathieu et le Conquet. L'ennemi s'approcha du premier de ces ports, et quinze gros navires furent chargés des troupes de débarquement.

Cent-quarante hommes de la côte faisant usage de quelques petites pièces de campagne, cherchèrent inutilement à s'opposer à cette descente; elle s'effectua: et tous prirent à l'instant la fuite. Maîtres de Saint-Mathieu, les anglais s'emparèrent bientôt du Conquet, pillèrent ses maisons, brulèrent ses églises, se répandirent dans les campagnes, et y égorgèrent sans pitié tout ce qu'ils y rencontrèrent (9).

Informé de ces massacres, et voulant en arrêter le cours, Guillaume Duchatel, commandant de Brest, rassemble en toute hâte neuf mille hommes, et marche à l'ennemi. A son approche, les anglais se retirent précipitamment vers leurs vaisseaux; mais cette retraite ne les empêcha point d'éprouver un échec.

Le vice-amiral de Hollande fut coupé avec quatre compagnies de flamands-espagnols, composant l'arrière-garde de cette armée combinée. Quoique lâchement abandonnés et livrés par leurs alliés, ces braves soldats firent cependant tête aux bretons. Ils combattirent longtemps avec courage, mais forcés de céder, ils se débandèrent enfin. Plus de cinq cents d'entr'eux périrent assommés par les paysans. Cent-trente seulement furent faits prisonniers, et plusieurs avouèrent que la coalition avait eu le projet de surprendre Brest.

Jugeant qu'il leur serait désormais impossible d'attaquer cette ville avec quelqu'apparence de succès, les anglais se bornèrent à tourmenter la Bretagne par des apparitions multipliées sur ses différentes côtes. Ils surprirent à cette époque, et brulèrent en grande partie, la ville de Morlaix. Envain Charles IX, roi de France, donna-t-il au gouverneur de la province l'ordre de désarmer tous les bâtimens, cet ordre intempestif ne fut point exécuté : et grâce à cette désobéissance, dans la campagne de 1563, ces cruels ennemis de notre repos ne firent d'autre mal que de raser quelques retranchemens sur les côtes d'Hédic et d'Houat.

Le château de Brest était occupé, en 1592, par une forte garnison sous les ordres du marquis de Sourdéac, gouverneur de cette ville. Au mois de décembre de cette année, plusieurs gentilhommes, à la tête de six mille cultivateurs égarés, firent une tentative sur cette place, et l'assiégèrent du côté de Recouvrance. Ces gentilhommes étaient partisans du duc de Mercœur, chef de la ligue en Bretagne. Repoussés avec perte, ils allaient définitivement se retirer. La déclaration d'un transfuge qui leur apprit que Brest n'avait, tout au plus, que pour quinze jours de vivres, leur fit subitement changer de résolution. Ils s'établirent dans la commune de Saint-Pierre Quilbignon, et s'y abandonnèrent inconsidérément à tous les plaisirs.

De Sourdéac, fidèle à Henri IV, de si douce et de si glorieuse mémoire, instruit de leur imprudente sécurité, sort de nuit, à la tête d'un corps nombreux de troupes dévouées, surprend les chefs et les soldats des ligueurs, en massacre plusieurs centaines, et rentre sans perte avec son détachement dans la place.

Quelques jours après, il fait insidieusement répandre le bruit que le boisseau de bled ne vaut, dans Brest, que quatre livres dix sols, tandis qu'on le payait la moitié plus cher dans les campagnes. Les cultivateurs se croyent alors trompés : ils refusent d'obéir à leurs commandans, et projettent même de les égorger, pour les punir de les avoir engagés aussi mal à propos dans une guerre aussi désastreuse.

Habile à profiter de cette mésintelligence, de Sourdéac les surprend une seconde fois, et leur fait essuyer une perte considérable. Ceux échappés au carnage connaissant, par leur propre expérience, le danger de se mêler des affaires des grands, sollicitèrent et obtinrent une trève de huit années, pendant le cours desquelles ils s'obligèrent à payer une somme de soixante-quatre mille écus.

Je crois avoir dit, au commencement de cet ouvrage, que la possession du château et du port de Brest avait été constamment recherchée par toutes les puissances qui avaient une marine. En 1590, les espagnols étaient du nombre de celles dont les flottes occupaient le premier rang.

Après s'être emparé, au nom de la ligue, ou plutôt pour mieux assurer son indépendance, de plusieurs villes de Bretagne, et notamment de Hennebont, le duc de Mercœur, certain qu'il ne pourrait les conserver qu'à l'aide de l'étranger, appela à son secours ces peuples de l'antique Ibérie. Leur flotte fut signalée sur nos côtes le dix-huit octobre de cette année; mais heureusement pour les brestois, elle fut obligée de mouiller à l'entrée de la Loire. Elle y débarqua trois mille hommes, qui se rendirent d'abord à Vannes, ensuite à Hennebont. Ils étaient commandés par dom Juan d'Aquila.

Les navires espagnols guidés par dom Diégo-Brochero, arrivèrent en même temps dans la rivière du Blavet.

Tandis que le roi d'Espagne favorisait ainsi le parti opposé au plus grand des Henri, la reine d'Angleterre, Elisabeth, lui offrait au contraire ses services, en 1591, pour l'aider à conquérir ses états. Ses offres furent acceptées; et deux mille cinq cents anglais parurent bientôt en Bretagne, près Paimpol, sur la côte de Tréguier. Ce renfort, conduit par Jean Norris, vint se réunir aux troupes du duc d'Aumont, gouverneur de la province au nom du monarque français.

René de Rieux, seigneur de Sourdéac, commandait alors la place de Brest, la seule restée fidèle à son légitime souverain.

Dom Juan d'Aquila ayant envoyé six cents hommes prendre poste et construire un fort à la pointe de la presqu'île de Quélerne, et à l'entrée intérieure de la rade de Brest, douze bâtimens chargés d'outils, de gabions, de fascines, et de toutes les munitions nécessaires pour le service d'une artillerie imposante, jettèrent l'ancre devant cette position. Les espagnols secondés par les habitans de la campagne, travaillèrent nuit et jour à l'établissement de ce fort. Placé directement sur la pointe, il était triangulaire, et baigné par la mer sur les parties latérales de son triangle. Sa base donnant sur la campagne, formait une courtine, avec deux demi-bastions à son extrémité. Le tout était défendu par un fossé aussi large que profond.

De Sourdéac avait vu, avec beaucoup de chagrin, s'élever cette forteresse; mais la pénurie de ses moyens ne lui avait pas permis de s'opposer à cet établissement. Dès qu'il fut achevé, le projet de s'en rendre maître fut le premier qui se présenta à son esprit. Le petit nombre d'espagnols qui s'y étaient renfermés, n'avait pas eu le temps d'en perfectionner les travaux. Le maréchal d'Aumont, prévenu par ce seigneur, se présenta pour en faire le siège, le vingt-cinq octobre 1592. Le lendemain le gouverneur de Brest le joignit avec deux pièces d'artillerie. Il était accompagné des chevaliers de Potonville, de la Tremblaie, Terchant, et Romégou, tous officiers distingués par leurs services, et remarquables par leur valeur. *(Dom Taillandier)*.

Dom Praxède, ancien capitaine, commandait les forces espagnoles. Sa garnison était composée de soldats aguerris, et le fort abondamment approvisionné de toutes les choses utiles à une longue défense. L'armée assiégeante, forte de trois mille français, sous les ordres du baron de Molac, et de dix-huit cents anglais, sous ceux de Jean Norris, investit la place. Le conseil de guerre ayant décidé que l'on formerait deux attaques, de Molac eut celle de la droite, et le général anglais celle de la gauche.

Ce partage, en excitant l'héroïsme de deux nations rivales en gloire, devait produire, et produisit en effet, de part et d'autre, un grand nombre d'actions d'éclat. Les dehors de la place offraient une plaine : ils furent aisément emportés. Le succès ne fut pas le même lorsqu'il fallut ouvrir la tranchée. Le terrein ne s'élevait que de deux pieds au dessus du roc. On fut conséquemment obligé de se servir de gabions et de tonneaux remplis de gazon, pour se mettre à couvert. L'on parvint cependant à s'approcher à la portée du canon. Deux batteries avantageusement placées firent alors un feu si nourri et si terrible, qu'ayant fait sauter les fascines, la terre s'éboula et remplit le fossé. Le général français propose aussitôt de donner un assaut, moins dans l'espoir d'emporter le fort, que dans le dessein d'en connaître la situation et les ressources.

Le baron de Molac monte sur le champ d'un côté, avec les français, et Norris, de l'autre, avec ses compatriotes. L'attaque fut vive; mais les espagnols la soutinrent avec tant d'intrépidité, que les assaillans furent contraints de se retirer avec une perte d'une cinquantaine d'hommes, et de plusieurs officiers marquans. Pendant la nuit les assiégés réparèrent la brèche par laquelle les anglais avaient pénétré, et firent, derrière, un retranchement palissadé que le canon ennemi renversa dès qu'il fut achevé.

L'activité des soldats de dom Praxêde à remédier aux dégats occasionnés par ceux du duc d'Aumont, faisait traîner ce siège en longueur; et la saison y contribuait : l'on était parvenu au mois de novembre : des pluies continuelles inondaient les tranchées, et le militaire français, sans abri, se voyait souvent dans la fange et dans l'eau jusqu'à la ceinture.

Les espagnols favorisés par ces circonstances, faisaient de fréquentes sorties, harcelaient les assiégeans, et comblaient toutes leurs tranchées. Un jour que ces derniers en conduisaient une pour entrer et se loger dans le fossé, les premiers tombèrent inopinément sur les travailleurs. Duliscoët, commandant des travaux de ce jour, s'était mis à l'abri du mauvais temps sous une espèce de cabane faite de branches d'arbres. Aux premiers cris d'allarme, il en sort avec promptitude et saute sur le revers, n'ayant pour toute arme que son épée. Il tombe aussitôt percé de mille coups. Ses soldats dispersés fuient de toute part. Cette surprise ne fut cependant pas aussi funeste qu'elle le pouvait être, grâce aux secours amenés par le baron de Molac. Les espagnols forcés de plier à leur tour, rentrèrent dans leurs retranchemens.

Le duc d'Aumont accablé par les chagrins, et sur-tout par les fatigues qu'il éprouvait en s'exposant à l'intempérie de la saison comme le dernier de ses soldats, tomba enfin malade. Son état fut si longtemps douteux, qu'il jetta le découragement parmi ses troupes. Si dom Juan d'Aquila s'était alors présenté devant elles, le fort de Crozon fut resté longtemps encore au pouvoir des espagnols. Mais le destin de la France en avait autrement décidé.

Le duc de Mercœur avait secrètement partagé les sentimens de Sourdéac, sur l'établissement de cette forteresse dans le voisinage de Brest. Aussi, lorsque don Juan le sollicita de joindre ses forces aux siennes, ne s'empressa-t-il point d'accueillir cette demande. Invité de nouveau, il finit même par prononcer un refus définitif.

Convaincu alors qu'il était abandonné à ses propres moyens, d'Aquila partit de Blavet, aujourd'hui Port-Louis, avec quatre mille hommes d'infanterie, cent-vingt cavaliers, et deux pièces de canon. Après avoir traversé Quimperlé, et prolongé les murs de Quimper,

il

il s'avança jusqu'à Locronan, petite ville distante d'environ trois lieues de la dernière.

Instruit de sa marche et de la proximité du lieu où il s'était arrêté, d'Aumont, parfaitement guéri, se trouvait dans un embarras difficile à décrire. L'ennemi pouvait l'atteindre dans peu d'heures, et, coupé de tous côtés, il se serait alors trouvé entre deux feux.

Dans cette position critique, beaucoup plus occupé de la perte de sa réputation que de celle de ses équipages, il prend tout-à-coup un parti vigoureux et flatteur pour l'impétuosité française. Les batteries recommencent leurs feux avec une nouvelle ardeur, et, d'accord avec Norris, tout est disposé pour un dernier assaut. Il ordonne aux capitaines Giffart et Bastenay de mettre toute l'infanterie en bataille, et de la disposer par échelons, afin de donner successivement dans les retranchemens, et de fatiguer l'ennemi par des attaques multipliées.

Après un feu continu, depuis le matin jusqu'à midi, la brèche étant jugée suffisante, l'assaut est commandé. Le baron de Molac s'y présente le premier, reçoit une blessure, et se voit forcé de reculer. Deux autres bataillons le remplacent, et essuyent le même affront. Le brave dom Praxêde monté sur la brèche, dirige, une lance à la main, les généreux efforts de ses valeureux compagnons. Il les encourage de la voix et du geste ; mais bientôt il tombe frappé d'un coup mortel.

Jusqu'à ce moment, les français n'avaient obtenu

aucun avantage; les assiégés se défendaient avec la rage du désespoir; toutes les troupes du maréchal avaient donné; celles du chevalier de Romégou étaient les seules intactes : on les avaient réservées pour un dernier effort. Ce brave colonel reçoit l'ordre de marcher. Il promet, en partant, à son général, qu'il entrera mort ou vif dans la place, et fait jurer à ses soldats que, s'il est tué avant que d'y arriver, ils le jetteront dans l'intérieur des retranchemens ennemis, et l'y suivront de près. Ce fut le dernier acte d'obéissance qu'il exigea de leur fidélité !.... Monté sur la brèche, cet intrépide chevalier porte des coups si rudes aux espagnols, qu'il les force de reculer. Tandis qu'il donne ainsi des preuves brillantes de la plus haute valeur, la mort l'atteint. Il tombe dans l'intérieur avec son porte-enseigne, tué à ses côtés. Sa troupe, furieuse de sa perte, fait des prodiges, et renverse tout ce qui s'offre devant elle. Duplessis-Valeron, l'un de ses officiers, quoique dangereusement blessé, n'abandonne son poste que lorsque les français sont victorieux. Courroucés de la résistance qu'on leur avait opposé, ils n'épargnèrent aucun des vaincus. Dans ce massacre général, il n'y eut d'exceptés que treize individus, dont neuf trouvés parmi les morts, et quatre dans les anfractuosités du rocher sur lequel ce fort avait été bâti.

Entre mille traits honorables que l'on pourrait citer à l'occasion de cette conquête, il en est un que je ne dois point oublier.

Pendant que le soldat vainqueur se livrait à l'égorgement et au pillage, un anglais reconnaît, au nombre des vaincus, un officier espagnol qui, précédemment, avait sauvé ses jours Fortement ému à l'aspect de son libérateur, effrayé sur-tout du danger qui le menace, il accourt, le serre dans ses bras, et tournant ensuite ses armes contre ses compatriotes, jure qu'il le défendra jusqu'à son dernier soupir. Cet acte de dévouement, inspiré par la reconnaissance, excite une admiration universelle. Assiégés, assiégeans, tous évitent avec une religieuse vénération ce couple intéressant, et dirigent réciproquement leurs efforts sur d'autres victimes.

La prise de ce fort coûta cher aux coalisés. Outre la mort de Duliscoët, de Romégou, et du célèbre navigateur Martin Forbisher, commandant de l'escadre anglaise chargée du blocus maritime, outre celle de plusieurs officiers renommés, l'armée anglo-française perdit environ quatre cents hommes à ce dernier assaut. Au nombre des blessés on distingua particulièrement le baron de Molac. De Sourdéac, Laroche-Giffart, Coetquen, Latremblaie, Kergomart et Terchant, soutinrent leur réputation.

Le monarque espagnol que cette tentative, heureusement infructueuse sur Brest, n'avait point découragé, arma de nouveau, en 1597, contre cette place Il fit, dans ce dessein, sortir de ses ports une flotte de cent-vingt bâtimens de guerre, et de plusieurs navires de transport remplis de troupes destinées à le venger du sire de Rieux, seigneur de Sourdéac, et à le rendre possesseur d'un port qui, par sa position, lui aurait assuré une prépondérance marquée sur toutes les puissances continentales.

Connaissant ses intentions, de Sourdéac prit aussitôt les mesures les plus sages pour n'être pas surpris. La noblesse bretonne fut convoquée, et les commandans des places voisines furent invités à se tenir prêts à marcher au premier signal. Il ordonna ensuite d'allumer, à l'approche des espagnols, des feux sur les hauteurs, et de sonner par-tout le tocsin.

Ce dernier moyen faillit perdre la cité. Les espagnols se montrèrent sur la côte le soir du jour de la Toussaint. Le religieux carillon qui a lieu dès la veille de cette fête, et dont les sons lugubres se prolongent pendant la nuit, jetta quelque confusion dans les signaux convenus; mais les feux allumés dissipèrent tous les doutes. Le gouverneur, suivi des forces qu'il avait pu rassembler, se rendit, à la faveur des ténèbres, au Conquet, et y arriva à la pointe du jour, pour être témoin du spectacle le plus affreux.

Un ouragan subit et des plus violens, avait déjà rendu inutiles toutes ses dispositions militaires. Cette flotte formidable, battue par la tempête, fut en peu d'instans dissipée. Une grande partie des bâtimens qui la composaient, sombra par la force de la tourmente, ou se brisa sur les nombreux écueils qui défendent cette contrée.

Cette seconde catastrophe enleva à l'Espagne tout espoir de domination dans un pays en faveur duquel les hommes et les élémens semblaient combattre de concert. Quelques troupes appartenant à cette monarchie demeurèrent, néanmoins, à l'armée du duc de Mercœur; mais ce soutien renommé de la ligue, en Bretagne, ayant fait, en 1598, sa paix avec Henri IV, reconnu généralement alors Roi de France et de Navarre, elles furent licenciées, et retournèrent à cette époque dans leur patrie.

Depuis cette dernière année, jusqu'en 1674, sous le règne de Louis-le-Grand, c'est-à-dire pendant presque le cours d'un siècle, Brest ne fut exposé à aucune nouvelle agression. Les anglais, seulement alors, tentèrent une dernière descente sur cette côte, et l'on verra, dans la suite de ces Essais, combien ils eurent à s'applaudir de cette tentative.

Le lecteur connaît maintenant les faits militaires dont cette ville a été, ou l'objet, ou le théâtre : il ne me reste donc plus qu'à décrire les divers accroissemens qui en ont fait l'une des plus importantes de la monarchie.

Quoiqu'elle fut extrêmement bornée, avant 1677, cette place n'en avait pas moins obtenu des privilèges rénumératoires, des rois Henri II, Charles IX, et Henri IV.

Le premier accorda à ses habitans un papegaut ou joyau, par lettres-patentes du mois de mai, 1549. Ces lettres furent données à Saint-Germain-en-Laie, et enregistrées dans le cours de la même année, à la Chambre des comptes (10).

En 1565, le second confirma ce papegaut par

lettres semblables, données à Bordeaux, pendant le mois d'avril. Il ratifia ensuite ce privilége, quatre ans après, dans la ville de Metz.

Henri IV, le troisième des monarques précédemment nommés, voulant donner aux brestois un témoignage authentique de sa reconnaissance pour la constante fidélité qu'ils lui avaient montrée pendant la guerre de la ligue, leur accorda, par lettres-patentes du mois de décembre, 1593, le droit de bourgeoisie, et leur permit de donner au maire, deux échevins pour l'aider dans ses fonctions. Il ordonna de plus, que ces officiers publics seraient élus par eux, et présentés, de même, au gouverneur, pour prêter entre ses mains, le serment d'administrer avec zèle, et de conserver avec soin les droits de la ville. Il fit, en même temps, défense par les mêmes lettres, à qui que ce fut, de se qualifier bourgeois de Brest, avant d'en avoir obtenu la permission, et payé quarante écus d'entrée. Les fonds qui devaient provenir de cette perception furent dès ce moment, destinés par ce prince, aux fortifications de la ville, et à ses réparations particulières.

En 1623, Louis XIII créa également en leur faveur un droit de perception de six deniers par pinte de vin vendu dans leur cité.

Malgré toutes ces grâces royales, récompenses d'un sincère et continuel attachement à la monarchie légitime, l'enceinte de Brest n'en était pas moins très-circonscrite.

« Cette ville, disaient ses maire et échevins, dans

» un mémoire adressé à Louis XIV, en 1693, existait,
» autrefois, où est maintenant le rempart du château.
» Il n'en est resté aucun vestige. Les habitans se
» sont retirés dans les faubourgs, et ces derniers
» ont ensuite composé la cité. »

Cela paraît d'autant plus vrai, qu'en 1630, la seule église que l'on y fréquentat, était celle du château, bâtie comme on sait, en 1065. Les maisons voisines dépendaient, pour la juridiction spirituelle, de la paroisse de Lambézellec, bourg situé à environ trois kilomètres au nord de Brest, et étaient subordonnées, au civil, à la juridiction royale de la petite ville de Saint-Renan, éloignée d'environ un myriamètre et demi de la première.

Brest n'avait encore, en 1631, aucun établissement pour la marine. En décrivant son port, je ferai connaître, en détail, les édifices importans qu'il renferme.

Par acte passé en 1645, devant les notaires royaux Cordier et Saint-Georges, Jean-Leroi, seigneur de Keranvoy, maire, et Jean-Calloch, seigneur de Toulbrugnot, ce dernier, pour une somme de quinze cents livres, s'engagea à obtenir du Parlement et de la Chambre des comptes de Bretagne, des priviléges pour les habitans, et s'obligea à les faire jouir de leurs droits antérieurement reconnus, et qui paraissaient tombés en désuétude.

Les Carmes déchaussés furent reçus à Brest en 1651, et s'y établirent.

La maison servant d'hospice civil fut incendiée,

en 1665, par l'imprudence de quelques soldats de marine qui y avaient été placés, à défaut d'hospice maritime.

L'établissement de la Magdeleine, ou Refuge royal eut lieu, du côté de Recouvrance, en 1670; cette maison destinée à la reclusion des Filles repenties, était sous la direction immédiate de l'intendant de la marine, et l'on ne pouvait conséquemment y recevoir aucune personne, sans un ordre de sa part.

En 1680, M. le maréchal de Vauban, l'un des plus grands hommes d'un siècle si fertile en hommes de génie, envoyé à Brest par Louis XIV, qui avait résolu de faire de cette place le boulevard de la marine, y arriva dans le cours du mois d'avril. Après en avoir reconnu le terrain, il traça pour cette ville, un projet de fortifications. Le plan qu'il en dressa fut communiqué au Roi, qui y donna son approbation; et l'année suivante, on construisit l'enceinte telle qu'elle se trouve encore aujourd'hui.

Tandis qu'en 1681 l'on s'occupait de l'agrandissement de cette commune, le gouvernement veillait, de la même manière, à tout ce qui pouvait rendre la marine française redoutable à ses ennemis.

Sans y comprendre les brulots, corvettes et autres bâtimens, il y avait dans les ports du Roi, quatre-vingt-douze vaisseaux de guerre de soixante à cent canons.

Pour soutenir dignement ces forces navales, ce grand monarque ordonna une levée de soixante mille matelots, qu'il partagea en trois classes, la première, de vingt mille hommes destinés au service militaire, la seconde, du même nombre, réservée au commerce, et la troisième, égale aux deux autres, conservée en dépôt, afin d'être toujours prête à servir, au premier ordre de remplacement (11).

Cette année ne fut pas seulement remarquable par l'établissement des fortifications tracées par M. de Vauban; elle le fut encore par le vain essai que fit ce célèbre ingénieur pour construire un fort sur chacune des roches dites du Mingan et de la Cormorandière; et par l'achèvement des travaux entrepris au port dans le cours des années antérieures.

Ce fut dans cette année que le bourg de Recouvrance fut, sous la mairie de M. Le Stobert, réuni à la ville de Brest, pour en faire partie à l'avenir.

En considération de cet accroissement, le gouvernement accorda aux habitans le droit de se nommer un maire, deux échevins, un procureur syndic, un greffier, et quatre conseillers pris parmi les notables.

Les brestois, avec la confirmation du droit de bourgeoisie qui leur avait été accordé par Henri IV, obtinrent un autre avantage. Le droit créé en leur faveur par Louis XIII, fut renouvellé et confirmé par son successeur au trône de France.

Le siège de la justice royale, établi à Saint-Renan, fut aussi à la même époque transféré à Brest, ainsi que les foires et marchés, avec les franchises, libertés et priviléges, dont jouissaient toutes les autres villes de la Bretagne.

Les gardes de la marine ou de l'étendart furent créés, en même temps, au nombre de huit cents jeunes gentils hommes. On frappa une médaille à cette occasion, comme on en avait frappé une lors de la levée des soixante mille marins (12).

Que l'on ne s'imagine pas néanmoins, que Brest fut alors plus considérable qu'auparavant. Quoique protégé par un bon rempart, il n'avait point encore de canons en 1682, et sa porte principale d'entrée était voisine de l'église des Carmes. Pour le prouver, il suffit de parcourir une délibération de la municipalité de cette ville, sous la date du sept mars de cette année. Par cette délibération l'on s'aperçoit que Brest n'avait pas encore, comme ville, les objets de première nécessité. Ses habitans pour les obtenir, députèrent, en 1683, le maire et le procureur syndic aux États de Bretagne assemblés à Vitré.

L'année suivante, des maladies graves et pernicieuses firent périr un grand nombre de personnes. Malgré cette mortalité, l'église du château n'étant plus assez vaste pour contenir la multitude des fidèles, principalement aux jours de fêtes consacrées par la religion, la communauté demanda au souverain la faveur de percevoir, pendant l'espace de six années, une augmentation d'un sol par pot de vin, et de six deniers par pot de cidre ou bière vendus en détail. La somme que cette augmentation devait produire, devait être mise en réserve pour la construction d'une église paroissiale que l'on s'obligeait à achever dans trois ans. Cette même année, un arrêt du conseil, rendu pour empêcher la dissipation du fond provenant des droits établis sur la vente des boissons, en régla l'emploi, et en fixa la quantité annuelle. Un second arrêt du vingt-un décembre détermina le rang que devaient tenir messieurs les juges, maire et échevins, dans les assemblées communales.

Le trente janvier, 1685, on publia un réglement de police générale rédigé en plusieurs articles, spécialement pour la ville de Brest.

L'année suivante, on forma les troupes de la marine en compagnies franches, et l'on fonda leur hôpital. Dans le cours de cette dernière, le Roi consentit au droit d'augmentation sollicité précédemment par les brestois.

Le nombre des prêtres de cette ville ne pouvant suffire aux besoins des armées navales, les jésuites, établis par ordre du souverain dans la collégiale du Folgoët, près Lesneven, proposèrent d'y venir fixer leur résidence, afin de fournir plus facilement des aumôniers aux différens vaisseaux de l'État. Cette proposition fut malheureusement acceptée. Ces religieux perturbateurs vinrent, en conséquence, s'établir à Brest, en 1687, et leur séminaire fut construit la même année, aux dépens du gouvernement.

En 1688, l'on vit s'élever l'intendance de la marine, et l'on s'occupa de l'établissement du bassin, et de la vieille corderie.

Cette place maritime vit, en 1691, mettre le comble aux grâces qu'on ne cessait de lui accorder. Le corps municipal prit une forme nouvelle. Il fut composé d'un maire, de deux échevins, d'un avocat et procureur du Roi, de deux miseurs, de quatre conseillers, et de deux substituts dont un garde-scel.

Cinq officiers supérieurs, savoir, un sénéchal, un baillif d'épée, un baillif lieutenant-général, un lieutenant, enfin, un avocat et procureur du Roi, composèrent le siège de la justice royale.

L'amirauté y eut également, un lieutenant-général, un baillif, un lieutenant particulier, deux conseillers, et un avocat et procureur du Roi.

Ces créations ne furent pas les seules qui prouvèrent alors les dispositions extrêmement favorables que cette ville avait fait naître. Le droit de perception sur les boissons fut aussi prorogé pour les neuf années suivantes.

La maison servant d'hospice avait été incendiée en 1665. Deux hôpitaux généraux fondés, l'un du côté de Brest, l'autre du côté de Recouvrance, attestèrent de plus en plus, la bienveillance du gouvernement. Un fonds de quatre mille livres fut formé pour l'achèvement de celui de Brest, et une rente de quinze cents livres, à prendre sur les octrois de cette ville, fut constitué pour son entretien. L'on y fonda en même temps, cent-trente lits pour les militaires, et l'on fut autorisé à les augmenter de cinquante, dans les momens de presse ou de calamité publique.

Pourquoi est-il dans la nature de l'homme de n'être jamais satisfait?...... Pendant que le monarque répandait à pleines mains ses dons sur cette cité, de prétentieuses contestations divisaient les autorités qu'il y avait créées. Les juges croyaient devoir l'emporter sur les officiers municipaux, pour la présidence des assemblées communales. Un édit royal, sous la date de l'année suivante, termina cette lutte. Les juges furent renvoyés à leurs fonctions, et les maires confirmés dans l'exercice des fonctions qu'on leur disputait.

L'entier établissement des capucins, à Recouvrance, date de cette année.

La succursale de l'église du château, l'église des Sept-Saints, étant, à son tour devenue insuffisante pour les exercices religieux du peuple, on permit en 1692, la levée d'un droit de quarante sols par barique de vin, pour bâtir une troisième église sous l'invocation de Saint-Louis (13).

En 1693, Brest, à l'instar de toutes les autres villes du royaume, eut pour premier maire nommé à vie, Jacques-Lars, seigneur de Poulrinou.

L'agrandissement rapide de cette ville avait excité la jalousie et la crainte de plusieurs nations, entr'autres des anglais.

Le seize juin, 1694, une flotte combinée de

trente-cinq vaisseaux, porteurs de dix mille hommes de troupes réglées, mouilla dans l'Iroise, sous le commandement général de lord Barkley. M. de Vauban, lieutenant-général des armées françaises, en mission à Brest, fit aussitôt toutes ses dispositions. Quatre mille hommes, tant de gardes-côtes que de troupes bien disciplinées, quatre cents gentils hommes, plus un régiment de dragons, étaient sous ses ordres. Cet officier supérieur établit son quartier-général au Conquet.

Le marquis de Langeron dirigeait, à Camaret, tous les mouvemens. Le sieur Duplessis, brigadier des armées de sa Majesté, recevait immédiatement ses ordres, et les transmettait aux différens chefs de service, tandis que huit compagnies franches de la marine, et dix-sept ou dix-huit cents gardes-côtes répandus çà et là, dans les cries, havres et anses de cette partie, étaient chargés de leur exécution.

Le dix-sept, les troupes anglaises de débarquement, ayant à leur tête le général Talmach, opérèrent leur descente dans une anse assez spacieuse, appelée le Pouldu, au fond de la rade de Camaret. Les retranchemens élevés dans cette partie étaient en bon état; les batteries collatérales furent bien servies: mille à onze cents hommes débarqués, reçus par un feu des plus nourris, éprouvèrent d'abord du désordre dans leurs rangs; deux compagnies franches de la marine et sept à huit cents gardes-côtes protégeaient cette anse, dont la garde avait été confiée à leur courage. Le jeune marquis de Lavalette-Thomas remarquant le trouble et l'indécision des mouvemens de l'ennemi, s'élança aussitôt sur la plage, suivi du sieur Bénoisse, son frère d'armes, attaqua, l'épée à la main, les troupes débarquées, les renversa, et les obligea de fuir pour regagner leurs chaloupes.

Pendant cette action la mer s'était retirée, et ces chaloupes étaient à sec. Ce contre-temps fâcheux mit le comble à la confusion qu'avait opéré l'irruption soudaine des compagnies franches de la marine. On vit alors commencer un massacre affreux. Un très-petit nombre d'anglais obtint quartier des paysans. Les femmes mêmes de ces derniers, donnèrent en cette circonstance les plus grandes preuves d'intrépidité et d'acharnement. On en remarqua une, entr'autres, qui poursuivit un soldat ennemi jusque dans les flots, et là, ayant de l'eau au dessus de la ceinture, le tua sous les yeux de ses compatriotes stupéfaits.

Une frégate hollandaise échouée au bout du sillon de Camaret, fut obligée d'amener son pavillon. Un autre bâtiment chargé de cinq cents soldats fut écrasé par les bombes, et coula avec sa charge. Le général Talmach périt dans cette affaire, où l'on eut, de la part des français, à pleurer les deux officiers distingués dont l'intrépidité et la justesse du coup-d'œil avaient décidé la victoire.

Outre la perte de quarante capitaines ou lieutenans, cette entreprise irréfléchie coûta encore environ deux mille hommes, et lord Barkley n'emporta de cette attaque que la honte et le souvenir de l'avoir tentée sans succès. Une médaille frappée, constata dans les temps, ce glorieux fait d'armes. Sur cette médaille on remarque Pallas tenant son égide, et à côté d'elle un trophé naval. La légende est : *Custos oræ armoricæ*, et l'exergue, *Batavis et Anglis ad littus armoricum cœsis anno* 1694.

La fondation des Dames de l'Union-chrétienne eut lieu cette année.

En 1696, sur la demande des maire et échevins, le Roi consentit à une nouvelle prorogation pour la perception des droits sur les boissons entrantes.

Brest, définitivement constitué en 1700, pouvait compter en 1710, treize cents maisons et quatorze mille habitans. Deux mille ouvriers du dehors y étaient occupés journellement, et du matin au soir, aux divers travaux de la marine. La consommation annuelle, pour la subsistance commune, était de quatre mille boisseaux de tout grain. Chaque boisseau pesait cent-cinquante livres. Quatre mille cinq cents bariques de vin, et mille bariques d'eau-de-vie complétaient l'approvisionnement de cette ville, pour le même espace de temps. Chaque classe de maîtrise ou jurande était au nombre de dix, et l'étalage des boutiques était libre pour tout le monde.

On y construisit, en 1752, la première partie des casernes de la marine.

Pendant le cours de 1759, une maladie pestilentielle
apportée

apportée par l'escadre de M. Dubois-de-la-Mothe, enleva pour ainsi dire, les deux tiers des brestois. Les portes de leur ville demeurèrent fermées pendant ce terrible fléau. Il cessa : et les pertes qu'il avait occasionnées, furent bientôt réparées et oubliées.

L'année suivante vit se terminer, entre la mairie et les pères jésuites, un procès commencé à l'époque de la première construction de l'église de Saint-Louis. Grâce à leur astucieuse politique, ces religieux avaient eu l'art de se procurer constamment l'avantage dans cette lutte scandaleuse de leur part, mais pressentant leur juste ruine, ils cédèrent à la commune, par acte du trente avril, 1740, la propriété qu'ils avaient usurpée de l'église précitée, pour une somme de cinquante mille francs.

Quoique le sol y indiquât par-tout la présence de l'eau douce, Brest n'avait, cependant, encore d'autres fontaines publiques que celles dites de Lochorc, du Bois-d'Amour, de la Pie, et du Château. On en établit cette année quatre autres : la première, sur la place de la Médisance, la seconde, dans la rue de Siam, près la maison de M. Labbé, maire de la ville, la troisième, à l'un des angles de la place nommée le Champ-de-bataille, au haut de la rue des Carmes, et la quatrième à la partie la plus inférieure de cette même rue, et au pied du glacis placé au devant de la barrière du chemin couvert de l'entrée du château.

Devenu l'un des points les plus importans du royaume, sous les rapports de la marine militaire,

Brest manquait, néanmoins, des premières ressources de l'instruction pour la classe du peuple peu favorisée de la fortune. Il ne suffisait pas que le gouvernement eût des marins, il fallait qu'il en eût sachant au moins les élémens de la lecture, de l'écriture, et du calcul.

Un legs fait à cette ville par le sieur Jean-Louis-Duhamet, lieutenant de vaisseau, et chevalier de l'ordre royal et militaire de Saint-Louis, suivant un codicile du 10 mars, 1740, de tous ses biens mobiliers pour la fondation d'une communauté des frères de Saint-Yon, à la charge par eux d'instruire, gratis, les enfans du peuple, fut accepté par les magistrats de la ville. Un arrêt du conseil, sous la date du vingt-huit décembre, en autorisa l'établissement sous le titre d'Écoles chrétiennes. Ces frères, en conséquence de cet arrêt, fondèrent leurs maisons des deux côtés du port dans le cours des deux années suivantes.

Ce fut en 1747 que la cérémonie de l'installation du maire eut lieu pour la première fois à l'église paroissiale de Saint-Louis achevée en 1708. Comme cette cérémonie est peu connue de mes compatriotes contemporains, je crois pour leur satisfaction devoir en rapporter les détails.

Au jour marqué pour cette installation, les échevins en costume, et les anciens notables ayant, chacun, une baguette blanche à la main, se rendaient à l'hôtel du maire nouvellement élu, accompagnés par un détachement de la milice, par les nouveaux mariés, et par les habitans qui avaient fait bâtir une maison dans le cours des trois années précédentes. La marche était ouverte par un homme ayant sur la tête une couronne dorée que le nouveau magistrat civil faisait tomber comme marque de l'hommage qu'il rendait au Roi.

Le récipiendaire ayant à ses côtés les deux échevins en fonctions, et suivi des officiers de la communauté, des anciens maires, et de plusieurs autres personnes de distinction, arrivait à la porte du temple. Le recteur assisté de deux prêtres l'un portant la croix, et l'autre le bénitier, s'y trouvait avec le livre des évangiles. Là, le maire agenouillé entre le lieutenant du Roi, et le sénéchal de la ville, le premier, à sa droite, et le second, à sa gauche, promettait, la main posée sur le livre sacré, de conserver les droits de l'église, de veiller à ses intérêts comme aux siens propres, et de protéger, sur-tout, la veuve et l'orphelin.

Après cette promesse il entrait avec sa suite dans l'intérieur au chant du Te Deum. Il y entendait une grand-messe à la fin de laquelle, en sortant de l'église, il posait le talon droit dans un creux pratiqué, exprès, au milieu du portail, et après avoir fait un tour sur ce même talon, il jurait de bien servir le Roi et le public, et de concourir, de toutes ses facultés, à la garde de leurs droits et priviléges respectifs (14).

Quatre jeunes citoyens richement habillés, et portant sur deux piques une cage élégamment décorée, prenaient, alors, la tête du cortége, et se rendaient, dans cet ordre, à la seconde porte d'entrée du château.

Parvenu en cet endroit, le maire s'adressant au gouverneur, promettait foi et fidélité au Monarque tant pour lui, que pour sa communauté, et demandait le maintien et la continuation des droits et priviléges de la ville. Il priait ensuite, ce représentant du souverain, en témoignage de franchise des brestois, de délivrer un oiseau renfermé dans la cage qu'il lui présentait. Cette délivrance s'exécutait au triple cri de vive le Roi, et au bruit général de la mousqueterie.

Cette dernière prestation de serment terminée, on reconduisait le maire à son hôtel, où un dîner splendide attendait les principales autorités.

L'après-midi de ce jour était consacré à divers amusemens. Quelque tems qu'il fit, et dans quelque saison qu'on se trouvât, la formalité des sauteurs se remplissait constamment. Cette formalité regardait, spécialement et privativement, les mariés dans l'année de l'élection, et ceux qui avaient fait construire un édifice quelconque, dans le cours des trois années antérieures à la réception du nouveau magistrat. Tous devaient, l'un après l'autre, se jetter à l'eau de dessus le quai, et ceux qui ne voulaient ou ne pouvaient le faire, sans danger, étaient obligés de fournir un remplaçant qu'ils payaient (15). Il était, le soir même, rédigé un procès-verbal détaillé du tout; procès-verbal que l'on transmettait au gouverneur, responsable de l'exécution de la cérémonie entière.

En 1767, on mit la dernière main aux casernes de la marine.

Le premier juin, 1769, commença une affaire extrêmement grave contre le sieur Gordon-Warhouse, gentilhomme écossais, et officier au service d'Angleterre, prévenu d'espionnage. Il fut arrêté dans la nuit du trente-un mai, chez le sieur Picard, traiteur, sur la place de la Médisance, et conduit le lendemain, à neuf heures du matin, au château de Brest. A onze heures on battit la générale pour rassembler toutes les troupes de la garnison; et, à midi, l'on arrêta, chez les capucins, le nommé François, soldat du régiment de Béarn, prévenu d'avoir eu des liaisons contre l'état avec cet officier anglais. Un cordonnier de la rue de Crée avait, déjà, été emprisonné pour la même cause.

Le seize juillet suivant, à huit heures du matin arriva par Lanveoc, le sieur Stuart, accusé, pareillement, de complicité. Il avait été conduit de Larochelle à Brest, sous l'escorte d'un brigadier et de deux cavaliers de maréchaussée : et fut, aussitôt son arrivée, traduit dans la prison de Pontaniou, renfermée dans l'enceinte du port.

Le premier septembre de la même année, le sieur Durand, médecin, prisonnier d'état considéré de même, comme associé au projet d'espionnage, arriva de Saintes, et fut mis en prison au Bagne.

Le vingt-quatre novembre suivant, lord Gordon,

condamné par M. de Clugny, intendant de la marine assisté de ses assesseurs, sur les conclusions de M. Bergevin, procureur du Roi, et rapporteur dans cette affaire, a avoir la tête tranchée, comme séducteur des sujets du monarque, subit son jugement avec une fermeté héroïque (16).

Le lendemain, entre cinq et six heures du soir, on pendit sur la place où avait été exécuté le lord, le nommé François, soldat de Béarn infanterie, convaincu de complicité. Son cadavre fut, ensuite, exposé sur le grand chemin. Le sieur Durand fut puni d'un an et jour de prison.

Le vingt-huit du même mois, M. de Clugny continuant la procédure, ordonna l'élargissement du domestique de Gordon. Un grenadier qui avait donné cours à une lettre de ce condamné, fut taxé à cinq livres d'amende envers le Roi, et mis en liberté; mais la nommée Main-d'orge fut renfermée, pour le reste de ses jours, au couvent de la Magdeleine à Recouvrance.

En 1772, on mit à exécution le projet d'une nouvelle enceinte pour Brest, projet adopté par le gouvernement, sur la présentation des plans de M. Filey, lieutenant-général et directeur des fortifications de cette ville. Elle était, alors, dans un tel dégré d'accroissement que les murs construits par l'immortel Vauban, ne pouvaient plus en contenir les édifices.

Pour diminuer les charges des habitans grévés par le logement des troupes, l'on construisit en 1774, près la porte dite du Conquet, un corps de caserne propre à loger deux bataillons complets. On établit aussi, à la même époque, des batteries de canons et de mortiers à l'Ile longue, à Lanveau, à la pointe de Plougastel, et à celle du Corbeau, pour la défense de la rade.

Enfin, deux ans après, la situation de Brest était dans un état si florissant, qu'on y comptait vingt-deux mille habitans, six mille hommes de troupes réglées, et deux mille ouvriers employés utilement au port. La milice bourgeoise était composée de dix compagnies de deux cents hommes chacune, et commandée par le maire en qualité de colonel.

La consommation annuelle des brestois était de quatre-vingt-deux mille boisseaux de tout grain, de cent-cinquante livres chacun, de douze mille bariques de vin, de quatre mille bariques d'eau-de-vie, de cinq cents bariques de cidre et de cinq cents bariques de bière. Le nombre des maisons se montait à dix-neuf cents, et il s'en élevait tous les jours de nouvelles. Trente-six fours dont chacun pouvait contenir six cents rations, étaient constamment, mis en activité pour le service journalier. Vingt-sept puits et neuf fontaines publiques à plusieurs robinets de six à huit lignes de diamètre, fournissaient à la ville une eau copieuse et bonne. Brest était enfin, à peu de choses près, ce qu'il est en ce moment.

Son port reçut à cette époque la visite du grand Duc de Russie et de son épouse, et l'on n'oublia rien pour leur rendre les honneurs qui leur étaient dûs.

Cette année fut encore remarquable par l'incendie de l'ancien hôpital de la marine. Le feu s'y déclara le vingt novembre, à trois heures après midi, dans la salle des forçats. Aux premiers sons du tocsin, aux premiers coups de la générale, les secours se portèrent avec rapidité vers le lieu menacé par les flammes, promptitude louable sans doute, mais inutile. La violence du vent qui soufflait de la partie du nord-ouest, fut telle, que, malgré toute l'activité qu'on y employa, toutes les salles de cet hospice, et le grand corps du bâtiment étaient entièrement embrasés, à neuf heures du soir. Une grande partie des soins se portèrent, alors, sur le Bagne, avec lequel le feu paraissait vouloir communiquer. L'on en retira les galériens qui furent conduits sur la place intérieure du château, où ils passèrent la nuit entourés de pièces de campagne chargées à mitraille, et environnés des troupes de la marine les gibernes garnies de cartouches. Le lendemain, ils furent réintégrés au Bagne à huit heures du matin. Cet incendie coûta, dit-on, la vie à quarante de ces misérables qui, alors malades, et enchaînés à leurs lits ne purent jamais parvenir à se soustraire à une mort aussi douloureuse que terrible.

Le vingt-cinq décembre suivant, les gardes de la marine qui occupaient l'ancienne demeure des Jésuites, reçurent l'ordre d'en sortir, et de se loger chez les particuliers. Ce séminaire fut, dès-lors, destiné à remplacer l'hôpital incendié.

En 1777, parut à Brest l'auguste frère de notre

aimable et infortunée Reine, Marie Antoinette d'Autriche. Il voyageait sous le nom du comte de Falkenstein, et les preuves d'amour et de respect qui lui furent prodiguées, montrèrent que les brestois étaient dignes de la haute faveur dont il daignait les honorer (17).

Le Roi martyr, Louis XVI, à la demande de la marine, avait accordé son portrait pour être placé à l'hôtel du commandant. Jaloux de faire à ce noble présent d'un souverain généralement chéri et si digne de l'être par les qualités de son cœur, la réception que méritait une aussi flatteuse condescendance, deux capitaines de vaisseau l'un major-général de la marine, l'autre, directeur du port, s'embarquèrent le cinq mars, 1778, dans le grand canot de parade, et suivis de deux autres où étaient un grand nombre d'officiers et d'administrateurs, furent prendre le portrait de Sa Majesté à moitié chemin de la rivière de Landernau. A leur retour, et dès que ces canots parurent à l'embouchure de cette rivière, les vaisseaux le Réfléchi et le Zélé, les frégates le Triton, la Pallas, l'Oiseau et la Sensible; les corvettes la Perle, l'Écureil, la Lunette et la Sylphide, couverts de leurs plus riches pavois, firent un triple salut répété par les batteries des forts protecteurs de la rade. Le grand canot portant le pavillon royal, rentré dans le port, aborda à la cale du Contrôle près le bassin de Brest. Toutes les troupes de la marine y étaient rangées en bataille et sous les armes. Ce portrait accueilli par les cris répétés de vive le Roi, ayant été mis dans un carrosse, fut accompagné de MM. le marquis de Langeron, lieutenant-général, et le comte d'Orvilliers, également lieutenant-général et commandant de la marine. Les troupes de terre bordaient la haie, depuis la porte de l'arsenal, jusqu'à l'hôtel où se rendit le cortège, pour y déposer le témoignage de la faveur la plus signalée. Un dîner de cinquante couverts termina cette agréable fête, et lorsqu'on y porta la santé du Roi, une salve de vingt-un coups de boîtes tirées sur la terrasse du jardin et répétée par la batterie existant sur le quai des vivres de la marine, annonça à toute la ville, les vœux que l'on formait pour la longue prospérité des jours du petit-fils de Louis le bien-aimé. Ces vœux n'ont point été exaucés! La France a été longtemps couverte d'un voile funèbre. Des factieux justement abhorrés en la privant du plus juste des Rois, ont été sur le point de consommer sa ruine. Écartons ces pénibles images, un règne de bonheur commence: Louis a légué au désiré, avec toutes ses vertus, son amour pour son peuple. Répondons à cet amour par l'union la plus intime entre nous, et par le dévouement le plus absolu à ses augustes et paternelles volontés. Ne formons désormais qu'un avec lui, et nos maux se répareront. Brest n'y fut pas étranger. Il a souffert, comme un grand nombre d'autres villes aussi importantes, de la présence des cannibales de 1793, mais ce n'est point encore le moment d'en parler; je continue par conséquent les détails.

En 1780 ou 1781, Monsieur, actuellement frère du Roi, visita le port de Brest. Il y reçut les honneurs dus à son rang, et des témoignages vrais d'un dévouement à son auguste famille.

Cette ville avait, avant la révolution, une juridiction royale, une haute justice, une communauté de ville avec droit de député aux états, une intendance de marine, une subdélégation, les traites foraines de l'évêché de Léon, appartenant au Roi, deux postes, l'une aux lettres, et l'autre aux chevaux, un marché les mardis et les vendredis, et une foire tous les premiers lundis de chaque mois. Elle renfermait, dans son sein, trois paroisses, Saint-Louis, Saint-Sauveur, et Saint-Marc-de-Trémivez, divers couvens de Carmes déchaussés, de Capucins, de frères de Saint-Yon, de filles de Saint-Thomas-de-Villeneuve, du sacré cœur de Jésus et des Sœurs de la charité. Elle possédait, en outre, un hospice militaire, deux hospices civils pour les pauvres et un gouvernement de place avec un état-major. Son château était occupé par une forte garnison.

Ses armes étaient mi-partie de France, et de Bretagne.

On y trouve, également, aujourd'hui, un commandant supérieur et un intendant de la marine, un sous-préfet civil, une mairie composée d'un maire, de quatre adjoints de maire, et d'un conseil-municipal nombreux ; un tribunal de première instance, un tribunal du commerce, un tribunal maritime, trois conseils de guerre deux pour les troupes royales d'artillerie de la marine, et un pour les troupes de terre; une direction des Domaines, une direction des Douanes, une du Génie militaire, une pour les constructions navales, et une enfin, pour les travaux civils particuliers au port; deux administrations civiles aussi particulières, l'une de l'hospice des pauvres, et l'autre du bureau de bienfaisance, enfin trois arrondissemens de justice de paix, savoir : celui de Brest, de Lambézellec, et de Recouvrance. Un gouverneur et un commandant de place, avec état-major. Sa population est actuellement de vingt-cinq mille âmes.

Bâtie sur le penchant d'une double colline qui vient se terminer, des deux côtés, à l'encaissement du port, elle peut avoir, maintenant, un demi myriamètre (une lieue) de circuit hors murs. Sa longueur, de l'est à l'ouest, et sa largeur, du nord au sud, ont, à peu près, chacune, un kilomètre et demi (environ une demie lieue) d'étendue.

On la divise en haute et basse ville.

La haute, d'un goût moderne, joint, à l'agrément d'un air pur, celui d'offrir quelques jolis édifices, avantage que ne présente guère la partie qui avoisine les quais marchands. Elle est régulièrement percée. Des rues espacées et commodes contribuent par la libre circulation de l'air, à maintenir la santé de ceux qui y ont établis leur demeure, et que l'on peut ranger, presque tous, dans la classe des gens aisés et des négocians.

De petits merciers, beaucoup de cabaretiers, et

un plus grand nombre de marins et d'ouvriers habitent la partie basse, beaucoup plus resserrée, principalement à Recouvrance, et dont le rapprochement des maisons occasionne, par fois, des maladies assez graves, auxquelles la nature du climat de cette ville, ajoute souvent un grand degré d'intensité.

Ce climat est, peut-être, le plus venteux et le plus humide de l'Europe. D'après les observations faites par M. Pichot, ancien capitaine de frégate retraité, membre de la Légion d'Honneur, à l'observatoire de marine établi au port, la température de Brest est, on ne peut plus inégale. Souvent au milieu des beaux jours de l'été, on passe d'une chaleur assez forte, à un degré de froidure rien moins que modéré. Il n'est pas rare de voir le thermomètre, dans cette saison, éprouver des variations de dix à douze degrés dans la même journée.

Le plus haut degré que cet officier ait observé au thermomètre de Réaumur, exposé à l'air extérieur, de manière à ne point recevoir l'influence du soleil ni par ses rayons, ni par réflexion, a été de vingt-quatre degrés dans les mois de juillet, et août ; mais, ordinairement, il est de vingt à vingt-un. Celui de froid se remarque, bien peu souvent, au dessus de six, de congélation. Pour l'ordinaire, il est d'un à trois dans les mois de décembre, janvier, février, et mars. Dans ces mêmes mois, et quelque fois, dans ceux de novembre et avril, les vents régnant du nord à l'est, le temps beau, le thermomètre indiquant à quatre degrés au dessus de congélation, il y a, fréquemment, de fortes gelées blanches, et, quelquefois, il glace légèrement : mais alors, si le vent n'est pas soutenu, il ne tarde point à passer au sud, et successivement, au ouest, et amène toûjours un temps très pluvieux.

Depuis le mois d'octobre jusqu'à celui de mai, exclusivement, la température est moyenne entre le froid et l'humide, mais elle tient plus fréquemment de la dernière.

Les vents dominans à Brest, soufflent, généralement, du sud au nord-ouest, bien plus que des autres parties de l'horison. Leur violence se fait sentir depuis septembre jusqu'en avril. Ils sont souvent très-impétueux. Au moment de leur plus grande violence dans cette saison, s'ils soufflent de la partie du sud-ouest, ils sautent, subitement, au nord-ouest. Alors, s'ils continuent avec assez de violence pour le repousser, ils montent vers le nord, et amènent une température sèche. Si, au contraire, ils mollissent, ils ne tardent pas à retomber au sud-ouest, ramènent des coups de vent, et ce jeu de la nature a lieu, souvent, pendant une saison entière.

Les vents du nord à l'est, dans quelque saison qu'ils soufflent, donnent, ordinairement, les plus beaux jours de l'année. En général, le climat de Brest est très venteux, quelque soient les saisons et les parties de l'horison d'où le vent se fasse sentir.

La pluie peut être considérée comme habituelle à Brest. Sa position au promontoire le plus ouest de la France, l'y expose souvent. Il y pleut de tout vent, particulièrement en hiver: mais les vents du sud-ouest, à l'ouest, sont ceux qui la donnent presque continuelle quand ils s'y sont fixés. Sont-ils faibles, ils amènent un temps très brumeux. Ceci est général pendant les mois qui courent depuis octobre jusqu'à mai; et arrive, assez souvent, durant les autres mois.

A moins que le froid ne soit général, il se fait très peu sentir dans cette ville. L'humidité qu'a contracté la terre par les pluies presque continuelles de l'hiver, jointe à celle qu'occasionne la mer qui baigne tout le littoral qui l'environne, éloigne nécessairement le froid qui est ordinaire en cette saison dans tous les lieux ou la mer n'exerce pas son influence. Aussi, les neiges qui, quelquefois, tombent en abondance, sont-elles, bientôt fondues par l'air salin et humide particulier à cette contrée.

Lorsque les vents sont, du nord-ouest, à l'ouest, violens et par grains, il grêle, assez souvent, de novembre en avril. Mais cela arrive rarement lorsque la température est à l'orage.

Les mouvemens du baromètre ne peuvent manquer d'être très-variables dans un lieu où le climat éprouve une aussi grande inégalité. Le mercure descend quelquefois à vingt-six pouces, dix lignes, et au dessous. Alors le temps est affreux. Son ascension va jusqu'à vingt-huit pouces six lignes. Cependant, il atteint rarement cette hauteur. Mais il est assez commun de le voir de vingt-huit pouces quatre lignes à vingt-huit pouces six lignes. Indistinctement dans toutes les saisons, si son mouvement d'augmentation se fait avec lenteur, on peut se flatter d'avoir un beau temps durable. Si ce mouvement est, au contraire, rapide, ce beau temps ne sera que passager. Les mêmes effets, quand le mercure descend, produisent des causes différentes. Toutes les fois que le baromètre est au dessous de vingt-huit pouces, le temps devient toujours pluvieux et humide, sur-tout, lorsque le soleil est sous l'équateur par rapport à notre hémisphère. Cet instrument qui, en servant à indiquer la pesanteur de l'air, donne, en même temps, toutes les probabilités de la pluie ou du beau temps, peut, souvent ici, être considéré comme nul, quand on veut lui faire cette application. On l'a vu souvent annoncer, suivant ces indications graduelles, même plusieurs jours de suite, un temps qui aurait dû être beau, et, cependant, il était extrêmement pluvieux.

Lorsque les vents règnent longtemps du nord-ouest, au sud-ouest, son mouvement est très-variable.

Si les vents sont forts de la partie du sud-ouest, presque toujours le mercure est entre vingt-sept et vingt-huit pouces. Dès qu'ils commencent à monter, sans que leur force diminue, on ne tarde pas à les voir passer au nord-ouest. Ils mollissent alors, et le baromètre redescend encore, en annonçant, par ce mouvement, que le vent reprendra sa direction précédente.

Il

Il tonne à Brest et dans ses environs, presque dans toutes les saisons de l'année. Il est sur-tout à remarquer, que ce météore se fait entendre au moins une fois chaque hiver. Rarement il cause des dommages. Lorsque dans la mauvaise saison, les vents règnent longtemps du nord-ouest, au sud-ouest; lorsqu'ils soufflent avec force, et que le temps est mauvais, le ciel éclaire presque toujours, et souvent avec de grands éclats de lumière. On n'a vu néanmoins à Brest que de faibles aurores boréales, et, encore, à des intervalles bien éloignés.

Excepté le château de cette ville, château dont il sera fait une mention particulière, l'antiquité ne réclame point à Brest beaucoup de monumens. En 1789, il y en existait encore jusqu'à trois que l'on pouvait considérer comme étant d'une époque déjà assez reculée. Ces monumens étaient la chapelle de Notre-Dame, construite sur le quai de Recouvrance, en 1346, par ordre du duc de Bretagne, Jean IV ;

La vieille tour circulaire élevée, du même côté, et connue sous le nom de Lamothe-Tanguy ;

Et l'église des Sept-Saints, du côté de Brest. Cette dernière est, sans doute, d'un temps plus rapproché, puisque vers le milieu du quinzième siècle, le maréchal d'Aumont, vainqueur des espagnols au fort de Crozon, fit transporter à Brest, et inhumer dans cette église, avec tous les honneurs militaires, le valeureux dom Praxède, et l'intrépide Romégon. Ce fait attesté par tous les historiens de la Bretagne,

E

détruit celui avancé précédemment qu'en 1630, il n'y avait à Brest d'autre église que la chapelle priorale du château, et je m'empresse de le rectifier.

Il est bien reconnu, aujourd'hui, que Recouvrance avant de se nommer ainsi, n'était anciennement, connu que sous la dénomination du bourg de Sainte-Catherine. Quand a-t-il perdu ce nom pour prendre le premier? Tout porte à croire que ce fut lors de la construction de la chapelle de Notre-Dame précitée. Le nom de Recouvrance qu'elle portait passa, par habitude, au lieu où elle avait été bâtie, et celui de Sainte-Catherine s'oublia, pour ne conserver que le dernier (18).

Avant que la chapelle dont il est ici question, ne devint paroisse, elle dépendait, comme succursale, de l'église de Saint-Pierre Quilbignon, située, dans les terres, à environ trois kilomètres de la porte du Conquet.

L'exercice des pouvoirs spirituels du recteur de Saint-Pierre ayant été borné au dehors de cette partie de Brest, cette chapelle en grande vénération parmi les fidèles, eut et conserva les honneurs paroissiaux jusqu'en 1750, époque à laquelle l'église de Saint-Sauveur nouvellement édifiée près les remparts, fut, par un arrêt du conseil-d'état, sous la date du mois de juin, désignée pour la remplacer (19).

Brest ceint de remparts, offre dans la presque totalité de leur circuit une suite de promenades qui se disputent entr'elles d'agrément. Elles ont été nouvellement embellies par les soins bienveillans de M. Guesnet, fils, chef de bataillon au Corps royal du génie, membre de l'ordre royal et militaire de la Légion d'Honneur, officier distingué dont les vertus et les talens modestes rappellent aux brestois, le souvenir d'un magistrat qui, toujours dans la ligne de ses devoirs, même dans les temps les plus orageux de la révolution, ne se fit connaître que par sa bonté, sa douceur, son affabilité, et par le bien qu'il produisit.

Entre ces promenades, on distingue le Cours-d'Ajot, ainsi nommé parce qu'il fut commencé en 1769, sous la direction de M. d'Ajot, officier supérieur de l'arme du génie. Il a été décoré, il y a peu d'années, par les soins de M. Maurice Pouliquen, l'un des prédécesseurs de monsieur le maire actuel dans les fonctions de la mairie.

On remarque aux deux extrémités de ce cours, deux statues de la main de Coisevox, surnommé le Wandick de la sculpture. L'une placée à la partie supérieure, représente Neptune armé de son trident, et près d'en frapper un de ses chevaux marins. L'autre placée à son extrémité inférieure, en face de la précédente, offre aux regards charmés le groupe de l'abondance, du travail le plus précieux. Il serait à désirer que l'on y apportât un peu plus de soins. Le lichen qui les couvre et les dépare pourrait facilement s'enlever, et ce travail de peu d'importance rendrait un véritable service aux amateurs de morceaux aussi curieux.

Les premières pierres de leurs piédestaux furent posées, avec pompe, par les principales autorités civiles et militaires invitées à cette double cérémonie les premier, et dix-huit vendémiaire an dix correspondans aux vingt-trois septembre, et dix octobre 1801.

Les trois allées de cette charmante promenade sont régulièrement plantées. Les arbres des allées latérales dont les branches supérieures sont, pour ainsi dire entrelacées, forment, dans la belle saison, deux superbes berceaux de verdure. Nul cours, dans la Bretagne, ne peut disputer à ce dernier l'avantage de mettre sous les yeux un spectacle plus majestueux que celui d'une rade que les marins de tous les pays reconnaissent, comme une des plus belles et des plus sûres de l'Europe.

Cette rade a un myriamètre (deux lieues) de longueur, sur un myriamètre deux kylomètres (deux lieux et demie) de largeur. Ces dimensions lui donnent, à peu près quatre myriamètres et demi (neuf lieux) de surface, non compris les deux enfoncemens, l'un à l'est-nord-est, et l'autre au sud. Elle est parfaitement close, et ne présente qu'une entrée connue sous le nom de Goulet, dont les passes étroites ne laissent qu'un difficile accès.

L'on trouve dans cette vaste étendue d'eau, à marée basse, jusqu'à quatorze brasses. Telle est sa profondeur moyenne. Ses limites sont, au nord, la ville, le château, le port et les glacis de Brest; à l'est-sud-est la pointe occidentale de Plougastel; au sud les côtes de Lanveau, de Crozon et de Roscanvel, qui dépendent de la Sous-préfecture de Chateaulin; à l'ouest le goulet, dont Toulinguet et la pointe de Saint-Mathieu forment l'entrée, et d'où l'on compte deux myriamètres (quatre lieues) jusqu'au grand port.

La batterie du Mingan dont les feux se croisent avec les feux de celle de Cornouaille, protége et défend, tour-à-tour, l'entrée de cette rade : elle est, également, défendue, dans son intérieur, par d'autres qui peuvent atteindre les vaisseaux, quelque part qu'ils y soient mouillés. Elle peut contenir cinq cents bâtimens de guerre de toute grandeur, ancrés sur un fond de sable, en général. Elle est abritée de tous les vents, à l'exception de ceux du sud-ouest. Lorsque ces derniers sont impétueux, ils y occasionnent, quelquefois, des accidens funestes. On ne peut en sortir que par des vents faits d'est et de sud-est, autrement, si l'on est, sur-tout, refoulé par la marée, on court les risques du naufrage. Un exemple récent vient d'en offrir la preuve par la perte du vaisseau le Golymen.

Des bancs distribués, d'espace en espace, dans cette promenade, invitent à s'y reposer, et une murette qui la prolonge dans presque toute son étendue, qui est d'environ cinq cents pas, empêche les chevaux et les voitures de la dégrader. Une fontaine y offre ses eaux à ceux qui peuvent en avoir besoin, et un petit observatoire élégamment décoré, contribue à son embellissement. Un aqueduc construit postérieurement à 1801, verse, à Porstrein, les eaux qui, avant cet établissement, rendaient presqu'impraticable la partie moyenne inférieure de ce cours.

Deux vastes places avoisinent cette superbe promenade. Elles servent, dans les beaux temps, de lieux de rendez-vous pour l'instruction militaire.

A l'extrémité de l'une d'elles, se présente la masse imposante du château avec ses tours et tourelles. Cette citadelle célèbre dans les fastes de la Bretagne, et dont tant de gouvernemens ont ambitionné la possession, bâtie sur un roc escarpé, présente la forme d'un trapèze. Elle est d'une très-haute antiquité. Ce qui le fait croire, c'est que tous les historiens en ont parlé de la même manière. Ce n'est, sans doute, là, qu'une probabilité : mais, à défaut de preuves, on est, malgré soi, forcé de s'y arrêter.

Cinq grandes tours sur chacune desquelles on a construit de fort belles plate-formes, en défendent l'approche, soit du côté de la mer, soit du côté de la terre. Ces tours ont, chacune, leur nom. On distingue du côté de la rade et du port, celles des Français, de César, et de Brest.

La plus ancienne des trois, est sans contredit, la seconde. Elle est dans l'intérieur d'une forme exagone, et ronde à l'extérieur. Elle est entièrement construite avec de petites pierres si bien liées entr'elles que l'on ne parvient à les désunir qu'avec beaucoup de peine. Les tours qu'elle flanque, quoique beaucoup plus grandes, sont loin d'avoir, comme elle subi l'épreuve des siècles. Celle élevée à sa gauche domine particulièrement la rade, et croise ses feux avec ceux des batteries royale et du fer-à-cheval, sises également à l'entrée du port. La tour de Brest en battant toutes les parties qui peuvent conduire dans l'intérieur de ce dépôt important de nos forces navales, assure, par là, même, les moyens de sa conservation.

La tour dite de César, mais qui cependant n'a jamais été construite par ce grand homme, n'existe sans doute encore que par respect pour ce peuple guerrier, dont le souvenir colossal n'en excite pas moins l'admiration des peuples qui lui ont succédé. Il est douloureux qu'on ne puisse, au juste assigner la date de sa fondation. S'il était permis pourtant de se livrer à quelque conjecture, en pareille matière, il en est une à laquelle on pourrait s'arrêter sans choquer la raison et le bons sens.

Il est certain qu'après la fameuse bataille de Tours, une portion de l'armée Romaine victorieuse descendit la Loire, sous le commandement d'un nommé Brutus, pour se rendre en Angleterre.

Il est encore certain qu'une partie des navires ou galères qui portaient ces troupes, s'arrêta dans la rade de Brest, et y fixa même sa résidence. Le premier soin de ces nouveaux habitans fut, sans doute, avant même de s'occuper de leur habitation, de songer à se défendre dans un pays qui leur était absolument inconnu. De là, vraisemblablement, l'origine de l'édifice sur lequel nous nous arrêtons en ce moment. Elle serait donc antérieure à l'irruption des Romains guidés en 383 par le tyran Maxime dans l'Armorique ou la petite Bretagne.

En effet, Conan-Mériadec, premier souverain de cette contrée, suivant tous les historiens, Conan-Mériadec, mort en 393 de l'établissement de la chrétienté, vint, avant son décès, à Brest qu'il trouva déjà très-peuplé, ce qui fait présumer qu'il était aussi bien défendu. Mais ce n'est là, comme on le répète, qu'une conjecture hasardée, à l'appui de laquelle ne se présentent aucuns titres, aucunes pièces, aucunes inscriptions.

Dans cette incertitude ce qu'on peut, néanmoins, affirmer, sans crainte d'être démenti, c'est que cette tour n'a eu, à Brest, aucun monument, quelqu'ancien qu'on le suppose, qui y aie précédé son existence. La porte qui la sépare des deux tours qui, vers l'entrée du château, commandent la ville, se nommait, jadis, la porte du Parc-au-duc.

Les dernières tours dont je viens de parler ne datent pas, à beaucoup près, d'aussi loin. Les parapets dont elles sont revêtues ont été achevés du temps et d'après les ordres du maréchal de Vauban. Elles portent les dénominations du Donjon et de la Magdeleine. On croit que la première était la demeure ordinaire des ducs, lorsqu'ils séjournaient dans cette place. On en posa la première pierre dans le cours du mois d'octobre de l'année 1550, sous le règne de François II. Piétrô-Frédran, fut chargé de sa construction, par ordre du duc d'Étampes. Au dessous de cette tour, on trouve de nombreux souterrains dont plusieurs paraissent taillés dans le roc. Leur profondeur et leur obscurité inspirent un sentiment d'horreur que l'on voudrait vainement repousser quand on arrive à celui connu sous le nom des *oubliettes*, et qui ne reçoit un petit rayon de jour que par un tuyau fort étroit d'environ trente pieds d'élévation.

La Magdeleine destinée, dès sa fondation, à ne recevoir que des munitions de guerre, n'est, encore à présent, employée qu'à cet objet.

Outre ces quatre tours, il en existe trois autres dont deux flanquent la principale porte d'entrée de cette forteresse. Ces deux dernières contiennent des cachots et des prisons, dans leur partie inférieure. La supérieure était, jadis, distribuée en logemens occupés par les serviteurs du Duc.

Charles de Cambout, gouverneur de Nantes, grand Veneur de Bretagne, lieutenant-général au gouvernement de Brest, ayant proposé à la cour d'augmenter les fortifications du château et de la ville, elle y consentit. En conséquence, il fit tracer, en 1559, sous le règne de Henri II, les ouvrages extérieurs actuellement existans.

En 1595, le sire de Rieux, seigneur de Sourdéac, après avoir fait construire le bastion qui a retenu son nom, donna une forme plus régulière aux travaux extérieurs faits par Charles de Cambout. Il approfondit les fossés, acheva les revêtemens, et fit bâtir un corps de casernes pour la garnison, avec des logemens séparés pour les officiers et, principalement, pour l'état-major.

L'histoire apprend que, du temps des ducs de Bretagne, leurs vassaux étaient obligés de garder cette place. Ils étaient armés et payés par ces princes, qui les licenciaient au mois de novembre, et les rappelaient au mois d'avril. La garde ordinaire de leur personne remplaçait alors la garnison.

Il paraît que ces souverains veillaient assez soigneusement, alors, à l'entretien des divers édifices qu'ils occupaient. En effet, en 1413, et 1415, Jean V, fit payer à Guillaume Duperrier, entrepreneur, la somme de huit cents livres pour les réparations qu'il y avait faites.

La troisième tour dont il me reste à parler, beaucoup plus petite que les précédentes, est bâtie au-devant de celle du Donjon avec laquelle elle communique. A moins qu'elle n'ait contenu quelques logemens particuliers pour la commodité de ceux qui habitaient la tour principale, on ne voit guère, à raison de son emplacement, à quoi elle pouvait être utile.

Indépendamment de ces tours, le château contient d'autres édifices qui méritent de fixer l'attention.

On se rappelle que l'ancien arsenal, et l'ancienne caserne datent de la fin du quinzième siècle. La nouvelle salle d'armes et le quartier de Plougastel sont de construction moderne. La place que l'on remarque au milieu de ces bâtimens, est grande et presque carrée. On y exerce, particulièrement, une partie des troupes de la garnison.

L'ancien Parc-au-duc sert aujourd'hui de parc aux boulets. On y a élevé, depuis quelques années, une cabane de gardien, un bâton des signaux et un Cémaphore pour la correspondance et la transmission des ordres maritimes sur les côtes.

Le château est défendu par différentes batteries et pourrait, au besoin, soutenir quelques jours de siège.

Ici se terminent les détails relatifs à cette citadelle, fermée tous les soirs par des portes solides, surveillées, d'ailleurs, par des factionnaires toujours vigilans.

En sortant de son enceinte par la porte du Parc-au-duc, on descend, par une pente douce qui a cependant besoin d'être perfectionnée, à la calle dite la Rose où commence, du côté de Brest, le plus beau port de la marine française. Son canal fort long est malheureusement trop étroit en raison de son étendue. Il présente par-tout le spectacle le plus imposant et le plus magnifique. Il suit la même direction que la rivière de la Penfeld.

Un quai fort beau conduit de cette calle à la machine à mâter. Cette machine est trop connue pour que je m'arrête à la décrire. Corrigée par le savant M. Petit, ancien capitaine des vaisseaux du Roi, et membre de l'Académie de marine établie en cette ville, elle réunit la sûreté à la solidité.

Les opérations pour le mâtage, et pour le démâtage, s'y font avec une promptitude digne d'admiration. Cette partie du port est close, tous les soirs, par une grille en fer qui n'offre rien de curieux.

Là commence le quai marchand. Il est embelli par une fontaine extrêmement utile aux nombreux habitans de ce quartier. L'on y remarquait autrefois l'hôtel de l'intendance, construit en 1668. Il a été détruit au commencement de la révolution (20).

A l'extrémité nord de ce quai marchand, sur lequel existe encore l'ancien hôtel de la mairie, recommence l'enceinte du port : un mur grillé bâti depuis peu d'années, le prolonge jusqu'à sa porte principale d'entrée.

Brest est le premier port de France qui ait joui d'une forme, ou bassin de construction pour les vaisseaux. Mais il fut du commencement de cet établissement, comme de tant d'autres. Plusieurs inconvéniens qu'on n'avait pas prévus, plusieurs défauts contre lesquels on ne s'était pas mis en garde, rendaient très-incommode et très-dispendieux le service de ce premier bassin. Il péchait par la solidité des pièces qui le composaient, solidité à laquelle il fallait, souvent rémédier, et toujours, avec peine.

M. Roblin, directeur des fortifications, en basse Bretagne, fit disparaître, en partie, ce vice de solidité. Il en restait un autre consistant dans la grande quantité d'eau à épuiser, chaque fois qu'il falloit réparer un bâtiment quelconque. M. Ollivier, alors constructeur des vaisseaux du Roi, ensuite, ingénieur de la marine chargé de tous les travaux du port, proposa de lever cet obstacle, en remplissant l'espace des façons et des acculemens du vaisseau, en amphithéâtre.

Ces ouvrages dont le plan avait été accepté fut exécuté par M. Dumains, alors directeur des fortifications. Cet habile ingénieur proposa de refaire les portes, et de relever le heurtoir à trois pieds et demi, pour profiter de toutes les marées des nouvelles et pleines lunes. Il fut chargé de l'exécution de ce nouveau projet. Il mit, en conséquence, la forme du bassin de Brest dans l'état où il était, à peu près, lorsqu'au commencement de 1782, M. Groignard le fit démolir et relever tel qu'il est, garni à son pourtour extérieur d'un canal couvert avec des jours de distance en distance. Ce canal se remplit d'eau à volonté. Cette eau qui s'amasse dans des auges de pierre sert aux pompes de précaution ou d'incendie dont on entoure ce bassin lorsque l'on y chauffe un navire. Ce bassin contient, en outre, de chaque côté, une espèce de chambre ou château d'eau qui renferme les pompes à chapelets que l'on fait agir quand il s'agit de son épuisement.

On voit, au nord, divers bâtimens pour forges, et pour loger les pompes qui y sont affectées ainsi que les ustensils qui y sont relatifs.

On y trouve, de même, le logement de l'ancienne Académie de marine, sa bibliothèque, la salle des modèles, l'atelier des boussoles, et celui des sabliers.

Le siège principal de cette Académie ne pouvait être mieux placé qu'à Brest. En effet, outre que le port et la rade sont parfaitement disposés pour le service des flottes de l'océan, il est encore très-vrai de dire que peu d'hommes ont plus d'aptitude et de talens que les bretons pour le service de mer, si, même, il s'en trouve qui en aient autant.

L'origine de cet établissement, dit M. Peuchet, est dûe à un véritable esprit de patriotisme. Lorsque le prospectus de la première encyclopédie parut à Brest, quelques jeunes officiers conçurent le projet d'un dictionnaire de marine tel que celui dont ils recevaient le plan. Pour l'exécuter avec plus de perfection, ils se partagèrent entr'eux, les diverses branches dont l'art de la marine est composé.

L'un eut la construction, l'autre, le gréement et la garniture des vaisseaux, un troisième, la mâture, un quatrième, l'artillerie, un cinquième, la manœuvre, un sixième enfin, le pilotage et l'astronomie nautique. Ils se dressèrent, ensuite, un vocabulaire de marine, le plus complet qu'ils purent, afin de s'en distribuer les mots, par ordre de matières.

Leur travail commençait à prendre une certaine forme, quand le célèbre Duhamel vint à Brest. On lui communiqua le projet ainsi conçu; il l'approuva: mais il crut que pour le faire réussir plus sûrement, et pour en augmenter l'utilité, il fallait établir la petite société en Académie de marine. On prit donc pour modèles, les réglemens de l'Académie des sciences de Paris, et le Ministre qui crut voir dans cette institution un moyen d'encouragement, de lumières et de correspondance avantageuse pour le service de la marine, s'empressa de l'approuver et d'y faire entrer des hommes qui, par leur grade et leur importance personnelle, ne pouvaient que donner de la solidité à la jeune Académie. Elle fut reconnue comme telle, par un réglement que Sa Majesté fit dresser, à cet effet, le trente juillet 1752.

La guerre de sept ans, qui s'alluma quelque temps après, suspendit les travaux des nouveaux académiciens, mais, en 1759, le gouvernement leur donna des encouragemens, et fit les fonds nécessaires pour que les dépenses que pouvaient entraîner leurs travaux ne fussent point à leur propre compte.

Depuis ce moment, jusqu'à celui de la destruction des établissemens savans en France, cette Académie a existé, à l'avantage des connaissances nombreuses et très-compliquées qui composent la science de la mer. Elle n'a point fait de dictionnaire de marine, mais elle a publiée plusieurs mémoires importans sur quelques unes des branches qui en font partie. Elle a offert aux jeunes élèves de la marine à Brest de nombreux moyens d'instruction ; elle a régularisé les études, et formé beaucoup de jeunes officiers au goût des connaissances solides.

Dans la guerre de 1778, des chefs d'escadre, des généraux de division, qui par la réunion de leur courage et de leurs talens, faisaient triompher sur les mers, le pavillon sans tache, honoraient ces travaux de leurs suffrages, s'intéressaient à sa correspondance, et assistaient, dans le court intervalle de leurs relâches, aux séances de ce corps estimable.

Parmi le grand nombre d'hommes à talens qui en firent partie, on distinguera toujours, Marguerie, Verdun-de-Lacrêne, Petit, Borda, Bruix, et le modeste Duval-Leroi, morts généralement regrettés de tous les gens instruits, et particulièrement des marins. Ils ont laissé différens travaux qui leur assurent un rang honorable parmi les vrais savans. C'est dans leurs écrits, pleins d'érudition et d'excellens principes, que les jeunes gens studieux qui se destinent à la navigation, doivent aller, chaque jour, puiser les connaissances de leur noble et pénible profession.

Ce temps de lumières pour la marine peut encore exister. Cette Académie peut renaître : il suffit de le vouloir. Eh ! qui peut le désirer davantage que l'auguste descendant du monarque qui l'institua !.... Versé dans toutes les sciences utiles, il en connaît parfaitement le prix, et ce vœu formé dans l'intérêt d'un art dans lequel l'expérience fait, tous les jours, d'heureuses découvertes, s'il parvient jusqu'à lui, n'y parviendra point inutilement.

Si ce rétablissement s'opérait, peut-être ferait-on bien, alors, d'engager les membres qui composeraient cette Académie, à déterminer des prix sur divers sujets

sujets que sa correspondance lui aurait indiqués, comme moins connus, ou moins bien entendus, que d'autres, par les navigateurs.

Un autre objet dont il serait utile qu'elle s'occupât, et dont elle paraissait, en effet, vouloir s'occuper au commencement de la révolution, serait la confection et révision des cartes hydrographiques et de marine.

Nous devons à plusieurs officiers d'excellentes cartes. Sous le ministère du comte de Maurepas, on établit à Paris un bureau pour servir de dépôt aux cartes, aux plans, et aux journaux que les navigateurs étaient tenus d'y envoyer. La garde en fut confiée à un officier de marine et à un hydrographe instruits. Belin, nommé à cette place, a fait un grand nombre de cartes. Quoiqu'imparfaites, elles servent encore de guides, et l'on a vu, dans la dernière guerre, des marins anglais s'en servir, et les citer, comme des ouvrages d'un grand prix.

Ce dépôt des cartes, depuis l'époque de sa création, a reçu un grand nombre de matériaux. Il doit être un des plus riches de l'Europe, sans en excepter, peut-être, celui de la Grande-Bretagne.

Si l'on réorganisait l'Académie, il conviendrait, du moins je le pense, de mettre à sa disposition le dépôt précité, qui n'en resterait pas moins dans les attributions du Ministre de la marine, puisque l'Académie, elle-même, en ferait partie.

Un grand service que pourrait rendre ce corps

F

à la navigation française, serait, après avoir rectifié les cartes qui en auraient besoin, de les faire graver de manière que les capitaines marchands pussent s'en procurer de bonnes, à bon marché.

Il ne serait pas moins utile, peut-être, que l'Académie de marine fît emploi des relations de combats, d'expéditions, d'entreprises de mer qui sont déposées dans un autre bureau de la capitale. En rendant publique cette multitude d'actions brillantes et courageuses qui illustrent la marine de l'État, les membres chargés de ce travail, les accompagneraient d'explications, tableaux, gravures, cartes et plans nécessaires. De pareils travaux, comme des voyages de long-cours, sont au dessus des lumières et des forces des particuliers. La Russie, l'Angleterre nous en ont donné des exemples. Nous en trouvons, même dans nos propres annales. Le temps des choses grandes et utiles est revenu. La paix dont nous jouissons est favorable aux développemens des arts, et cet heureux état donne tout lieu d'espérer que le gouvernement se prêtera, un jour, aux désirs dont je ne suis, en cet instant, que l'interprète.

Le fond de ce bassin est fermé par un corps de bâtimens où se trouvent réunis divers ateliers, tels que, ceux de la serrurerie et de la chaudronnerie. On y remarque, de plus, le local des séances du tribunal maritime, dont M. Ollivier Bergevin, qu'il suffit de nommer, pour en faire l'éloge, est le Comissaire-rapporteur. A l'angle nord-ouest de cette forme, on trouve le bureau du Contrôle de la marine, bureau qui en contient, lui-même, plusieurs autres. Plus loin, vers le nord, on rencontre le Magasin-général, construit d'après les plans de M. Ollivier. En face de cet édifice, une très-jolie fontaine due aux soins actifs et bienveillans de M. Caffarelly, verse abondamment ses eaux dans des réservoirs dont le trop plein s'échappe, et va se réunir aux eaux de la mer.

En continuant dans la direction que je viens d'indiquer, on aperçoit une séparation qui forme comme une espèce de rue pour sortir du port; cette issue ainsi que toutes les autres, est fermée, pendant la nuit, et gardée par des sentinelles dont la consigne est, spécialement, d'empêcher d'y entrer ou d'en sortir à des heures indues.

On prolonge, ensuite, au rez-de-chaussée, un nombre considérable de magasins destinés à contenir, chacun, les agrès et apparaux d'un bâtiment de guerre. On aperçoit au dessus la Voilerie, la Garniture, et le magasin des cordages.

Après cette aile d'une grande étendue, composée d'édifices remarquables, et pour l'emplacement desquels on a escarpé le roc jusqu'à la mer, les yeux se portent naturellement sur les Corderies haute et basse, toutes deux à peu près de la même longueur. On peut y commettre les plus forts câbles.

Les ancres de toute grandeur destinées tant pour le service des vaisseaux de l'État, que pour établir des corps-morts dans les rades, sont placées en face de ces dernières, et entr'elles et la mer.

F 2

Sur le haut de la montagne au pied de laquelle sont élevés ces monumens de la puissance navale des français, et toujours dans l'enceinte de l'arsenal, les amateurs des grandes conceptions viennent admirer le Bagne. Ce bâtiment a été construit avec une dépense et une somptuosité au dessus de tout ce qui a été fait en ce genre. Marseille, Toulon, étaient, jadis, les seuls ports de France où il en existât. Lorsque sa majesté Louis-le-Grand incorpora la marine des galères dans celle des vaisseaux, ce premier port fut abandonné par le Roi, et la Chiourme se partagea, également, entre Toulon et Brest.

Dans ce dernier port, elle fut logée dans la Corderie basse, construite en 1747, en attendant l'établissement du Bagne.

Le choix de l'emplacement, pour une prison de ce genre, était extrêmement difficile. Les uns le voulaient au milieu du port, sans songer si l'étendue nécessaire s'y trouvait. Les autres le désiraient à l'extrémité de ce même port, au pied des montagnes, sans examiner, davantage, si les eaux et autres commodités indispensables pouvaient s'y rencontrer.

Au milieu de cette fluctuation d'opinions divergentes, M. Chocquet-Lindu, qui va désormais parler lui-même, saisit l'espace avantageux qui se trouvait derrière la vieille Corderie, en face des casernes des troupes royales d'artillerie de la marine, et y jeta ses fondemens.

« J'y fus déterminé, dit-il, par ces considérations que dans le lieu que j'avais choisi, les forçats avaient, également, un frein dans leurs révoltes, une ressource dans leurs maladies, et des eaux en abondance, sans ôter au port un espace beaucoup plus essentiel pour la construction de magasins d'un usage fréquent aux armemens.

« Ce bâtiment a cent-trente toises de longueur. On y remarque trois pavillons, un au centre, et deux aux extrémités. Celui du centre distribue le Bagne en quatre salles dans chacune desquelles on peut loger cinq cents hommes. Les deux pavillons des extrémités, qu'on a eu soin de ménager pour loger les bas-officiers qui sont destinés à la garde de cette prison, mettent par la facilité qu'ils procurent pour l'exercice d'une surveillance exacte, les plus malintentionnés d'entre les forçats, hors d'état d'exécuter les projets qu'ils pourraient former.

« Chaque salle a ses commodités particulières, consistant en latrines, fontaines, cuisines et tavernes. Elles sont toutes coupées en deux, par un mur de quatre pieds d'épaisseur, et qui passe par le milieu de leur largeur.

« Ce mur, dans sa longueur, a de quatorze pieds en quatorze pieds, un passage de cinq pieds de largeur, les tolas ou lits de camp sont placés dans cet espace de quatorze pieds, contre le mur de refend. Les forçats ne peuvent, par ce moyen, faire, comme auparavant, ouverture au mur de face. Un autre avantage remarquable qui résulte de cette position, c'est la possibilité où ils sont, quoiqu'enchaînés toute la nuit, d'aller aux latrines, ce qu'ils ne pouvaient effectuer antérieurement, et ce qui occasionnait souvent des maladies graves, par la fétidité des baquets dont ils se servaient, malgré que ces baquets fussent régulièrement vidés tous les matins.

« Toutes les portes et passages entre deux tolas, de quatorze pieds chaque, reçoivent dans leur épaisseur une latrine en forme de niche, de deux pieds de profondeur, sur deux pieds et demi de largeur, et un robinet donnant l'eau qui sert à les nétoyer et à étancher la soif.

« Devant les murs de face, il existe une allée que des pertuisaniers et argousins parcourent sans cesse, et qui est éclairée, pendant la nuit, par des fanaux mis aux écoinçons des fenêtres. Le mur de refend sur lequel sont appuyés les tolas, de chaque côté, porte sur un égout qui se joint sous le premier vestibule à un autre qui conduit à la mer.

« Au milieu de la longueur de chaque salle est ménagée une cuisine de dix-sept pieds de long, sur quatorze de large, entourée d'une grille de fer. De l'autre côté de la cuisine, est la taverne, également grillée, et divisée en deux parties. L'une sert à recevoir le vin du munitionnaire que le gouvernement accorde aux forçats de fatigue; l'autre est occupée par les comites et sous-comites, qui y distribuent, pour leur propre compte, du vin aux forçats qui, par leurs travaux ou leurs épargnes, peuvent se procurer cette douceur.

« Toutes les salles ont l'appui de leurs fenêtres

élevé à six ou sept pieds, pour ôter aux galériens toute communication avec le port. L'ouverture des portes ou passages des murs de refend est dans le même alignement. Ainsi les fenêtres étant ouvertes, l'air peut y être renouvellé dans un instant, la hauteur des planches leur assurant, en même temps, un air plus sain.

« A l'un des écoinçons de chaque fenêtre, et à la hauteur, sont, ainsi qu'on l'a déjà dit, des fanaux avec des lampes auxquels on ne saurait atteindre, et qui éclairent les gardes pendant la nuit.

« Si ces lampes ou fanaux étaient éteints par les forçats, ce serait, de leur part, une marque de soulèvement. Dès-lors, ils seraient punis comme coupables de ce délit. La garde se fait principalement par les pertuisaniers, qui ont, chacun, sur leur compte, dix forçats enchainés deux à deux, lorsqu'ils sortent pendant le jour, et attachés, séparément pendant la nuit, chacun à leurs tolas. Les gardes veillent ceux qui voudraient exciter du désordre en ce moment, et les obligent à se tenir couchés sur leurs bancs.

« Indépendamment de l'eau qui se distribue au premier étage, il existe encore une citerne, dont la hauteur du niveau, et la quantité de liquide qui s'y amasse pendant les ténèbres, fournissent le jour, à tout le rez-de-chaussée ainsi qu'à toutes les latrines, cuisines, et lavoirs du bâtiment, ce qui ne contribue pas peu à la propreté, et à écarter toute mauvaise odeur. Outre cette précaution, on a ménagé à chaque latrine une ventouse qui se termine dessus le toit, et exhale, facilement, la puanteur au dehors, lorsqu'on a eu soin de fermer la lunette de la latrine avec un petit couvercle, et la latrine, elle-même, par une porte. Outre cela, on a donné beaucoup d'élévation aux salles, et pratiqué l'arcade, au dessus des portes ou passages des murs de refend du milieu, la plus haute possible, réservant la hauteur convenable, à la fermer pour ménager le passage à la conduite de l'eau, ce qui laisse un plus libre cours à la circulation de l'air.

« Le pavillon du milieu qui a deux avant-corps, annonce le logement des officiers. Dans son premier rez-de-chaussée est un vestibule qui le divise en deux. En traversant le corps-de-garde, on entre dans une chambre destinée au commandant de la troupe. A chaque vestibule il y a un factionnaire pour avertir dans les cas pressés, le corps-de-garde. Le rez-de-chaussée n'est qu'en caves pour mettre les provisions des forçats et pour les besoins des officiers de la maison. Au pied de l'escalier est une porte de neuf pieds, largeur de la rampe, quoique la porte d'entrée qui est de bois, soit très-forte. Le dessus terminé en demi-cercle est orné d'une grille de chaînes, manilles, et chaussettes de fer rond, telles que les condamnés les portent aux pieds. Les marches de l'escalier son en bois : les chaînes en auraient écorné l'arrête, si elles avaient été en pierre.

« L'on entre dans la cour par une double rampe.

« La nature du terrain a conduit à établir ce rez-de-chaussée, fort utile, pour loger un détachement de soldats de marine, détachement destiné à porter, en cas de besoin, main-forte aux pertuisaniers. Dans le second rez-de-chaussée, au rez-de-chaussée des salles, on a pratiqué, outre le vestibule, deux corridors pour se rendre soit dans les salles, soit dans les appartemens des divers officiers de la Chiourme. Les chefs ont deux pièces avec un entre-sol, et un petit escalier pour y monter.

« A l'extrémité de chaque corridor, ou à l'entrée de chaque salle, il y a deux portes, l'une de bois, très-forte, avec un petit guichet grillé, de fer, pour avertir la garde en cas de besoin, et la seconde, de fer. Entre ces deux portes sont les logemens des comites ou argousins. Dans le vestibule, se trouve une grande pompe d'incendie marchant sur des roulettes. Elle prend son eau dans la dernière latrine par le moyen d'une manche de cuir qui se met à écrou, et qui conduit l'eau dans le coffre de la pompe.

« Le troisième vestibule est disposé comme le second, et au pied de l'escalier qui va au grenier, est une porte de fer. Tout ce pavillon et ses avant-corps servaient, autrefois, de logement aux officiers commandans, aux aumôniers, aux chirurgiens, aux cômes et sous-cômes qui faisaient agir les forçats, et les argousins qui en étaient chargés, et qui, de quelque façon qu'un galérien s'évadât, soit par négligence, soit autrement, étaient obligés de payer une somme pour la perte de l'homme confié à leurs soins. Aussi, avaient-ils, et ont-ils encore dans leurs appartemens des fenêtres grillées pour voir ce qui se passe dans l'intérieur des salles, et y rémédier.

« En cas de révolte, on peut y placer des fusiliers tandis que, des pavillons occupés par les sous-cômes et les sous-argousins, on peut agir avec la même vigueur, et arrêter, dans leur principe, toutes les séditions.

« De ces pavillons on va par des escaliers dérobés aux greniers qui peuvent communiquer avec tous les corps-de-gardes. Jadis, dans les pavillons des extrémités, à chaque côté du gros mur, étaient pratiqués deux cachots pour les pertuisaniers, cachots inutiles aujourd'hui, attendu que lorsqu'il s'agit de les punir, on les envoye aux prisons de Pontaniou. Quant aux forçats, comme ils n'ont d'autres punitions que les menottes, la double chaîne, la bastonnade ou la mort, ils restaient jusqu'à l'exécution sur leurs bancs. Actuellement, ils sont détenus, en attendant, dans de petites prisons construites dans une cour située derrière ce vaste édifice.

« Cette cour était, il y a quelques années, occupée en entier, par des cabanes ou boutiques où se tenaient, pendant le jour, des forçats ouvriers, à qui il avait été permis de travailler de leur état. Ces cabanes étaient ouvertes depuis le toit jusqu'à terre, pour que les gardes pussent voir s'ils se déferraient. C'était là que ces ouvriers négociaient avec le public, pour la commodité duquel on avait ménagé une porte à l'un des angles. Près de cette porte, indépendamment de la cabane du gardien, placée en dedans, existent encore un corps-de-garde, et une caserne de pertuisaniers pour voir les entrans et les sortans, afin d'arrêter les forçats qui pour s'évader, auraient pris quelques déguisemens.

« Au milieu de cette cour est une latrine commune à tous les gens libres. Elle est voutée pour empêcher qu'on ne la perce, et qu'on ne déserte par cet endroit. Les lunettes en sont grillées ainsi que toutes celles du Bagne. A côté de ces latrines il en existe d'autres pour les supérieurs. A l'extrémité sud, il y a un lavoir dont le bassin a vingt-quatre pieds de long sur huit de large L'eau de ce bassin étant lachée tout d'un coup dans le souterrain, entraîne tout ce qu'elle y rencontre. Ces souterrains reçoivent, outre cela, toute l'eau du toit, par le moyen d'un chesneau en plomb, qui la conduit aux extrémités. Aussi sont-ils, constamment, aussi propres et aussi nets que le premier jour. »

Telle est la description que donne M. Chocquet-Lindu de son ouvrage, que les voyageurs curieux ne peuvent se dispenser d'examiner en détail, pour se faire une idée précise de l'importance de ce vaste bâtiment.

Après la Corderie basse, dans un détour peu prolongé, vers le nord-nord-est, sont des magasins de brai et de goudron. On trouve, ensuite, un corps-de-garde, le parc au lest, et une anse connue sous le nom d'anse du moulin à poudre, parce que, autrefois, il y en avait un en cet endroit.

Au sud de cette anse, sont des hangards immenses destinés d'abord à conserver, à sec, des bois de construction, et qui servent à serrer des comestibles et autres objets. Vis-à-vis, c'est-à-dire, le long de la rive nord, est la Tonnellerie, et à l'ouest de cet atelier, sur les bords du quai, on remarque des fourneaux et des chaudières pour combuger les pièces à eau. Au fond de la même anse, est un grand édifice employé maintenant, à la fabrication des poulies.

On traverse l'anse, au bout opposé, sur un pont-levis qui laisse passer, au besoin, les bâtimens ou navires de transport. A l'extrémité de la Tonnellerie est un second corps-de-garde, et plus près, vers l'ouest, une porte et une cabane de gardien. C'est là que, dans cette partie, se termine l'enceinte du port. Mais en revenant, vers le nord, après avoir passé le jardin nommé le Point du jour, on trouve encore les Boucheries. Elles sont très-spacieuses, et c'est en cet endroit que l'armée navale vient s'approvisionner de tout ce qui lui est nécessaire en viande fraiche.

Ici se termine la nomenclature des édifices utiles du port qui, du côté de Brest, peuvent fixer l'attention. Ces édifices sont beaucoup moins nombreux du côté de Recouvrance, néanmoins, ils méritent aussi quelques détails.

La batterie du Fer-à-cheval est le premier objet qui frappe les regards, en venant de la rade, et en entrant dans le port. Cette batterie est parfaitement placée. On y remarque des fourneaux propres à rougir des boulets. Sa position est telle que nul ne saurait se présenter à l'ouverture du port sans en essuyer le feu le plus vif et le plus dangereux. Chaque matin et chaque soir, on fait usage d'une de ces pièces, pour annoncer l'ouverture ou la fermeture du port. Cet usage a commencé le vingt-deux novembre 1763.

Au dessus du Fer-à-cheval, on trouve la batterie royale, garnie de vingt-quatre pièces de gros calibre.

En suivant le quai, on rencontre d'abord le parc aux boulets, ensuite, le parc aux vivres, contenant des magasins immenses de comestibles et autres objets de consommation. Le quai y est surchargé d'une grande quantité de bois nécessaire à la cuisson du pain et du biscuit qu'on y manutentionne dans des bâtimens pour la plupart à l'épreuve du feu.

Cette boulangerie, construite en 1749, fut brulée, en partie, dix ans après. Réédifiée en 1761, par les soins de M. Chocquet-Lindu, elle n'a point, depuis cette époque, éprouvé d'accidens remarquables.

Ce même ingénieur fit élever, en 1756, le mur d'escarpe des batteries de la Pointe et du Fer-à-cheval, rétablir le parc aux vivres, et la partie des quais qui le soutiennent. L'année suivante, il s'occupa du perfectionnement des trois bassins de l'anse de Pontaniou. Enfin, pendant le cours des années 1764 et 1766, on lui doit l'établissement, dans le port, d'une manufacture de toiles à voiles, et autres objets utiles pour les vaisseaux, ainsi que la construction des magasins d'artillerie.

Au dessus, et derrière la montagne au pied de laquelle on a élevé ces édifices, il existe une salle très-grande où l'on fait et conserve les gargousses et les artifices dont on se sert à bord des vaisseaux. On y voit, de même, la batterie où les canonniers de la marine, vont, journellement, en été, s'exercer au tir, soit du canon, soit de la bombe, et plusieurs magasins à poudre pour le service des bâtimens de guerre.

Après le parc aux vivres, qui est fermé par une fort belle grille, est un second quai marchand, vis-à-vis celui de Brest. En le prolongeant on arrive à une grille qui, de ce côté, commence réellement l'enceinte du port. Dès qu'on l'a passée, se présente d'abord le parc d'artillerie, contenant des canons de toute espèce et de tout calibre. On arrive ensuite à une salle d'armes aussi belle que celle du château, et renfermant des pièces beaucoup plus curieuses.

En laissant cet édifice derrière soi, on trouve enfin le premier Magasin-général établi à Brest, en 1672, d'après les ordres du Cardinal-ministre de

Richelieu (21). On y voit, pareillement, des dépôts de charbon de terre, dont un sert, aujourd'hui, de cuisine pour les bâtimens qui sont dans le port.

Au dessus, et en arrière, sur la montagne, est un très-beau bâtiment servant de caserne aux matelots. Il n'était pas encore achevé en 1783. Une fontaine très-élégante y fournit, avec abondance, une eau délicieuse.

A l'extrémité nord de cette masse de bâtimens qui se termine par le grand bureau, l'œil se repose avec plaisir sur un vaste bassin semblable à celui de Brest. Il est entouré de plusieurs magasins, tant pour son service que pour celui des deux autres bassins qui se trouvent derrière lui.

Un de ces derniers est couvert d'un toit immense d'un très-bel appareil. Cet ouvrage passe pour un chef-d'œuvre de solidité et de légèreté. Dans le temps de sa construction, quelques personnes que l'on croyait très-instruites, prétendirent qu'un premier coup de vent devait l'emporter. On en a, depuis cette époque, éprouvé un grand nombre des plus violens, et aucun d'eux n'a causé le dégât que l'on redoutait. Autour de la partie inférieure du comble, règne une galerie sur laquelle des hommes peuvent se placer, et agir sans danger. Ce comble est garni de fenêtres pareilles à celles d'une mansarde, afin d'éclairer la galerie, et d'y faciliter le renouvellement de l'air. Il est couvert en ardoises, parce que cette pierre, commune en Bretagne, forme un toit de longue durée, quand elle est artistement appliquée. On le doit tout entier aux talens des MM. Dagorne, morts, anciens architectes de Brest.

Un quatrième bassin, commencé sous les auspices de M. Caffarelly, ne laisserait rien à désirer pour l'embellissement de cette partie, si l'on se déterminait à l'achever.

Au nord de ces bassins, sont des forges à ancres et autres objets. Au fond de l'anse qui les contient, on trouve encore des dépôts de charbon de terre ; et une vaste prison construite d'après les plans de M. l'ingénieur Tarbé y remplace celle malsaine et trop resserrée qui y existait, il y a peu d'années. Tout-à-fait à l'extrémité ouest de ce port, existe une porte gardée pour faciliter l'entrée et la sortie des ouvriers du quartier de Pontaniou. Elle est pratiquée sous une jetée qui sert de point de rapprochement entre la caserne des matelots et celle des apprentis-canonniers marins.

A l'angle nord-est de ces mêmes formes, on se rend au bureau de la comptabilité, et à ceux destinés pour les chefs des constructions maritimes. L'un et l'autre de ces édifices furent incendiés, en 1796, et réédifiés peu de temps après.

En face de ce pavillon, une grande et belle calle couverte à la Philibert-Delorme, permet d'y construire des vaisseaux du premier rang. Plus loin, se voyent des ateliers et des dépôts de menuiserie, de peinture et de sculpture, avec les bureaux qui leur sont relatifs.

L'atelier

L'atelier de la mâture, outre les bâtimens de son dépôt, édifié en 1770, occupe encore une très-grande étendue du quai, pour la construction des grands mâts. En continuant, on rencontre de nouvelles calles propres à la confection des navires de toute grandeur. Si l'on avance davantage vers la source de la Penfeld, après les magasins aux vins construits en 1716, on remarque encore plusieurs hangards destinés à différens usages, au-delà, on arrive vis-à-vis l'anse Saupin, contenant divers établissemens utiles, tels qu'une brasserie, et des fours dont on se sert, avec succès, en temps de presse.

Les bois de construction et de matière brute, se conservent, sous l'eau, dans le fond de cette rivière, et y occupent, en avant de la Digue, un très-grand espace.

Cette Digue barre la Penfeld, et en retient les eaux pour faire jouer, d'un côté, des martinets à fer, de l'autre des moulins à scie, propres à débiter des pièces de bois en madriers et en planches. Elle est encore d'un avantage majeur, en empêchant les eaux de charier, dans ce port, des terres, des sables, et des vases, qui le comblaient journellement, quoiqu'un arrêt du conseil, sous la date de 1745, eût défendu aux cultivateurs de labourer leurs terres à soixante toises de distance, et cela, de chaque côté de ses bords.

Ce port, qui a près d'une lieue d'étendue, et qui doit presqu'autant à la nature qu'à l'art, est fermé toutes les nuits, par deux chaînes, et un

G

vaisseau ou frégate servant de corps-de-garde, et connu sous le nom d'Amiral. C'est à bord de ces bâtimens que l'on met les officiers ou les élèves de la marine pour des fautes graves, et où s'exécutent les jugemens du tribunal maritime, lorsqu'il n'est question que de faire courir la bouline ou de donner la calle aux condamnés.

Au fond du port il existe un autre bâtiment qu'on appelle Arrière-garde. Les officiers commandans de ces deux postes importans sont tenus à des rondes particulières pendant la nuit, et responsables des évènemens qui arriveraient par leur négligence, et compromettraient la moindre partie de l'arsenal.

La largeur du canal du port et sa profondeur sont telles que trois vaisseaux du premier rang peuvent y être constamment à flot. Un grand nombre de bateaux à deux rames facilite, journellement, le passage de l'une à l'autre de ces rives. Ces bateaux sont affermés, et payent, annuellement, une rétribution fixe, à celui qui en est le propriétaire.

Quoique la surveillance la plus exacte soit parfaitement exercée en ce port, il y arrive pourtant, quelquefois, des accidens graves. La perte des vaisseaux le Rolland et la Couronne qui y brulèrent, en 1779, et 1781, en offre la preuve. Ceux occasionnés par la foudre n'y ont jamais été fréquens. Ils le seront encore moins, désormais, que tous les toits des édifices publics sont armés de paratonnerres qui les mettent à l'abri des effets funestes de ce terrible météore. Les vaisseaux de l'État offrent de même, une garantie assurée contre ce feu destructeur.

La description du château et celle du port nous ont un peu éloigné du Cours-d'Ajot, qui nous a servi de point de départ. Que l'on me permette, par conséquent, d'y revenir pour ne plus m'occuper que de la ville et de ses particularités.

En quittant ce Cours, on trouve près la statue de Neptune, un corps-de-garde chargé spécialement de la surveillance d'un magasin à poudre qui, quoique bâti à l'épreuve de la bombe, n'en est pas moins dangereux dans une ville et, sur-tout, pour les maisons qui l'avoisinent. En suivant la rue de la Poste, la première place que l'on rencontre est celle dite du Champ-de-bataille. Elle est d'une régularité parfaite. Une plantation nouvelle, due au zèle de MM. les officiers du génie et de M. Pouliquen, a fait disparaître des arbres énormes qui, morts pour la plupart, fatiguaient inutilement la terre de leur poids. Elle est cernée par des barres de fer placées de distance en distance : ces barres sont liées entr'elles, et soutenues par des bornes de granit. Huit piédestaux placés à ses quatre extrémités, attendent les diverses statues promises par le Gouvernement, pour compléter la décoration de cette place élégante. Elle est située dans le lieu le plus élevé, et généralement le mieux bâti de Brest.

Deux fontaines, l'une à sa partie supérieure, à l'angle de la maison de M. Lamartinière, négociant, l'autre à sa partie inférieure, adossée à la maison du sieur Labiche, n'ont d'autre mérite que celui de procurer une eau excellente aux habitans de cette partie de la ville.

Sur le côté sud de ce Champ-de-bataille, on remarque les édifices servant de logement au Commandant de la place, à ses Adjudans, et au Capitaine-supérieur des canonniers vétérans. Ces édifices composaient, autrefois, le couvent des dames de l'Union-chrétienne, dont l'église a été, par arrêté du Gouvernement du neuf thermidor an IX (vingt-huit juillet 1801), transformée en Bourse du commerce (22).

A l'opposite on distingue la salle de spectacle à l'extrémité du jardin du commandant supérieur de la marine. Elle a été bâtie sur les fonds de la marine, d'après les plans de M. Louis, célèbre architecte de Paris dont j'aurai encore occasion de parler. Elle est assez vaste pour contenir aisément quinze à dix-huit cents personnes. On y joua pour la première fois la comédie, le dimanche, sept décembre, 1766.

La façade de ce bâtiment mérite une attention particulière. Au milieu du fronton qui décore sa principale entrée, on lisait jadis, cette inscription latine gravée en lettres d'or sur une table de marbre noir :

Mœcenas nobis hæc otia fecit.

Ce fronton est composé de trois pierres énormes extraites des carrières granitiques de Kersanton ; elles n'offrent, chacune, qu'un seul et même bloc. L'appareil dont on se servit pour les placer, fit, dans le temps, le plus grand honneur à M. Martin, architecte, chargé de cette opération aussi difficile que dangéreuse. Un corps de pompiers, journellement de service, veille en cas d'incendie, à la conservation de ce monument placé sous la police immédiate du maire.

L'hospice civil de cette commune est vaste et commode. Il peut recevoir environ douze cents pauvres. Il est surveillé par cinq administrateurs d'autant plus recommandables qu'ils ne sont point salariés. Ces administrateurs sont nommés sur la présentation de monsieur le Préfet du département, par Son Excellence le Ministre de l'intérieur. Ils ont, sous leurs ordres, pour les aider dans les travaux de leur administration, un secrétaire en chef, deux commis et un trésorier, tous quatre à appointemens.

Les édifices de cet hôpital ont besoin de réparations. Il serait à désirer que les principales ouvertures de l'intérieur fussent agrandies. Si le feu se manifestait dans quelques unes de ses parties, l'on ne pourrait introduire des pompes qu'avec la plus grande difficulté, dans ses cours, et le mal aurait le temps de faire des progrès rapides avant qu'on pût y rémédier efficacement. Il est desservi par des Sœurs de l'ordre de Saint-Thomas-de-Villeneuve, dont la douceur et l'humanité compatissante, soulagent l'infortune, adoucissent ses chagrins, et rendent moins pesant le fardeau du malheur.

Malgré les ateliers que l'on a, depuis peu, formés dans le sein de cet hospice, ses revenus ne peuvent suffire à son entretien; et sans les secours de la commune, secours encore bornés par l'effet des circonstances, cet établissement n'existerait plus, depuis longtemps, que de nom. Il est cependant indispensable, sur-tout à Brest, où les femmes des ouvriers au port, des marins et des soldats de marine, sont souvent exposées, elles et leurs enfans, à la plus affreuse misère par l'absence ou la détention prolongée de leurs époux dans les prisons de l'ennemi. Il est donc important de le soutenir.

« En admettant, disait, il y a peu d'années, le conseil de santé de la marine au port de Brest, invité par MM. les administrateurs de cet hospice, à visiter cette maison dans tous ses établissemens, et notamment, dans ceux qui tiennent à la conservation des individus, à leur régime alimentaire, et à leur traitement dans les diverses maladies, en admettant, disait-il, aux secours intérieurs et à un traitement régulier, les créatures attaquées du vice vénérien, l'administration a prouvé que sa sollicitude ne voyait pas dans cette mesure le seul avantage de désinfecter et de guérir des malheureuses la plupart incorrigibles, elle cherchait encore à préserver le soldat et le matelot luxurieux du danger imminent que l'État ainsi que les bonnes mœurs ont un grand intérêt à faire disparaître. Mais en établissant deux salles de pauvres femmes ou filles en couche, elle a, comme elle s'est décidée a recevoir indistinctement les enfans, détruit, presqu'entièrement les infanticides, et conservé l'honneur et la vie à des malheureux pour qui l'un et l'autre étaient un fardeau, et chez qui le sentiment de la misère et le désespoir eussent étouffé les sentimens honnêtes. La commission administrative veut faire plus, elle veut rendre cet établissement plus commode, et en faire un lieu d'instruction pour les sage-femmes, et pour une classe nombreuse d'officiers de santé de la marine. »

C'est ici le cas de rappeler les avis que donnait le conseil, à cette époque, pour la création de cette utile fondation.

« Il faudrait, au moins, vingt-quatre lits dans les deux salles destinées aux femmes en couche. Ces salles devraient être plus aérées. Il serait, en sûs, nécessaire d'avoir une chambre à feu à plusieurs lits pour les cas particuliers, et pour les visites nécessitées par des circonstances extraordinaires. Cette chambre à feu renfermerait une armoire pour le linge courant, une grande table, une moyenne, un fauteuil solide, deux bancs à six places, chacun, et quatre fortes chaises. On y placerait aussi, un mannequin ou pagode pour l'exercice des accouchemens, et les instrumens nécessaires pour les accouchemens laborieux et contre nature.

« Cela exécuté, chaque canton de l'arrondissement, et même, les autres parties du Finistère où les moyens d'instruction seraient impossibles fourniraient, d'après les arrêtés administratifs, une fille ou femme de bonnes mœurs, de trente ans au plus, et de vingt-deux, au moins, sachant lire, parler un peu le français, pouvant au moins le comprendre, et portant, en elle, le désir bien prononcé de professer l'état de sage-femme.

« Chacune de ces femmes serait envoyée à Brest, logée, nourrie, blanchie, éclairée et chauffée à l'hospice, qui recevrait, pour faire face à ces dépenses, une indemnité desdits cantons, à moins que le département ne fut chargé de ces frais. Un professeur connu par son mérite dans l'art difficile des accouchemens, serait chargé de l'instruction, et les cantons ne fourniraient que successivement leur contingent en femmes ou filles à enseigner, lesquelles resteraient dans la maison, pendant six mois, au moins, et un an, au plus, suivant les progrès qu'elles y auraient faits.

« Un certificat de l'accoucheur-professeur, visé par la commission administrative, par le maire de la ville, et par le Sous-préfet, serait la pièce qu'elles présenteraient au jury de médecine, lorsqu'il serait question de leur réception légale.

« Enfin, elles et toutes celles qui auraient été également instruites et reçues, auraient, selon le vœu de la loi, le droit exclusif pour leur sexe, de pratiquer les accouchemens, soit en ville, soit dans les campagnes.

« Ce cours pour les femmes, serait essentiellement

un cours de pratique, en y ajoutant assez de théorie pour être bien entendu et bien compris. On pourrait nommer une commission pour s'assurer du mode d'enseignement, pour examiner le local, et pour donner, au besoin, de l'émulation aux élèves. »

Ah! que de femmes mutilées ou tuées, et qui seraient encore devenues mères! Que d'enfans égorgés dans leur sein, vivraient au milieu de leur famille heureuse de les posséder, si l'ignorance, la brutalité et l'immoralité la plus déhontée ne s'étaient, dans les villages, emparées du privilége des accouchemens.

Le professeur serait tenu d'admettre à ses leçons les officiers de santé de la marine, de seconde classe seulement, et comme ils ont, dans l'art de guérir, des connaissances assez profondes, on donnerait pour eux tous les développemens dont celui des accouchemens est susceptible. On ferait, en un mot, un cours complet de théorie et de pratique, cours dont l'utilité sera bien sentie, quand on saura que, dans les hôpitaux du port, on ne reçoit que des hommes, et que, cependant, on embarque souvent des femmes enceintes, même pour des voyages de long cours.

On assure que cette institution salutaire va incessamment se former et s'établir : ce sera l'un des nouveaux bienfaits du gouvernement paternel sous lequel nous existons, et la reconnaissance générale en deviendra le prix.

Derrière la salle de spectacle, est situé l'hôtel de

Saint-Pierre, dont la façade donne sur la rue de Siam. Cet hôtel construit, en 1632 ou 1633, offrait, à cette époque, un observatoire astronomique qui, depuis, a cessé d'exister. Il servait, naguères, de logement au respectable et vertueux Vice-Amiral, vicomte Bernard de Marigni, grand'croix de l'ordre royal et militaire de Saint-Louis, Sous-gouverneur du Dauphin, fils de Louis XVI, commandant supérieur de la marine en ce port.

Il est mort regretté de tous les gens de bien : *multis ille bonis flebilis occidit.* Également cher à toutes les classes de la société, dans Brest, également respecté, vénéré par elles, il a, pour ainsi dire, emporté dans la tombe la moitié de leur existence. Pudeur, Bonne-foi, sœurs incorruptibles de la Justice, et toi Vérité sans fard ! vous nous offrirez difficilement un mortel qui lui ressemble. C'était l'homme selon Plutarque, et cet hommage que je me plais à lui rendre, sera longtemps confirmé par les pleurs des heureux qu'il a fait, et par le souvenir de tous ceux qui l'ont particulièrement connu.

Cet hôtel appartenait, en 1749, à monsieur le marquis de Creve-Cœur. L'acquisition en fut, alors, projetée par la communauté de Brest, et autorisée par l'intendant général de Bretagne. Le dessein des officiers municipaux était d'y établir l'hôtel de ville, et d'y tenir, toujours prêts, des appartemens agréables pour les autorités marquantes, qu'elle était obligée de recevoir. Cet édifice, tel qu'il est, présente une fort belle apparence; mais il n'est point achevé. Pour sa régularité et sa perfection, il lui faudrait l'aile gauche qui lui manque, et, alors, on pourrait le considérer comme un véritable palais.

La rue de Siam, qui se prolonge depuis la porte dite de Landernau, jusqu'à la rue du Petit-Moulin, se nommait primitivement, rue de Saint-Pierre. Elle prit, ensuite, la dénomination de rue de Seuil, du nom de monsieur de Seuil, intendant de la marine, et enfin, celle de rue de Siam, en 1684, époque à laquelle y logèrent les ambassadeurs de Siam, débarqués à Brest, et envoyés à Louis XIV, par monsieur le comte de Forbin, français d'origine, et ministre de ce royaume tributaire des Chinois.

C'est dans cette rue que se trouve le bâtiment destiné aux séances du tribunal civil de première instance. La salle des audiences en est assez vaste, mais elle est très-incommode pour les avocats. Ce tribunal est composé de MM. Chiron, membre de l'ordre royal et militaire de la Légion d'Honneur, président, Pech, Leguillou de Kincuff, et Maurice, juges, Démontreux, juge honoraire, Gillart, procureur du Roi, et Aumaitre jeune, greffier en chef, tous recommandables par leur probité, leur attachement au Monarque, et les lumières qui les distinguent dans leur noble profession.

Cette rue jouit de l'agrément d'une fontaine placée à peu près dans son milieu.

Une rampe assez roide et un escalier d'environ

soixante-quinze marches, construit en 1687, conduisent de cette rue dans celle connue actuellement sous le nom de rue Royale.

Cette dernière, au dessous de la première d'environ trente-trois mètres (cent pieds), dans certaines parties de sa longueur, est ornée de fort belles maisons dans presque toute son étendue. L'on y remarque l'hôtel de monsieur l'intendant de la marine Moidier, ancien colonel du génie, et maître des requêtes. Il y existait, il y a environ une vingtaine d'années, une chapelle que l'on a converti, depuis, en une rotonde où monsieur l'intendant reçoit les autorités constituées les jours de cérémonie publique.

La principale entrée du port termine, à droite, sa partie inférieure. On arrive à cette porte, des quartiers élevés de la ville, par l'escalier neuf construit en 1708, sous la mairie du sieur Jacques-Lars-de-Poulrinou.

Le port n'ayant pas assez d'espace pour contenir tous les bureaux qui lui sont nécessaires, celui des armemens, celui des classes et celui des revues ont, depuis longtemps été transférés dans cette rue, et dans celle prolongée de la Rampe. Il serait à désirer, pour le bien du service, qu'ils fussent tous réunis dans un local plus rapproché de l'arsenal. Il y aurait plus d'ensemble, et l'on épargnerait souvent des courses pénibles à ceux qui ont des réclamations à faire dans ces différens bureaux.

Deux fontaines, l'une à plusieurs robinets placée

dans un des angles supérieurs de la place de Médisance, et l'autre, aux deux tiers à peu près de cette rue, servent abondamment le public, et sont parfaitement entretenues (23).

Une troisième rue parallèle aux deux précédentes est celle nommée de Keravel. Il est probable qu'elle a été ainsi désignée parce que, par sa position élevée, elle était plus exposée aux vents que beaucoup d'autres, ce que veut dire le mot celtique *Ker avel* (vent fort), traduit en français. Elle est assez bien alignée, et, quoique formée d'édifices de construction irrégulière, elle ne serait point désagréable, si elle ne renfermait pas des tueries toujours dangéreuses et insalubres au milieu d'une ville. Celles-ci le sont d'autant plus, qu'étant sur un terrain plat, leurs eaux n'ont aucune pente d'écoulement, et chargent, malgré tous les soins de la propreté la plus minutieuse dans ses détails, l'air environnant d'exhalaisons putrides, et de myasmes délétères.

On y voyait, en 1686, une grande place occupée aujourd'hui, par une halle aux viandes, et par cinq venelles où les bouchers font leurs ventes journalières. Cette place, d'après les plans de M. Garangeau, architecte du Roi, fut alors désignée par M. de Vauban, pour la fondation de l'église paroissiale de Saint-Louis. Dès qu'on eut jeté les bases de ce temple, on fut processionnellement bénir le sol qu'il devait occuper, et le maire en posa la première pierre en présence du corps municipal.

Déjà les murs étaient élevés à cinq ou six pieds hors terre, lorsque, tout-à-coup, les jésuites prétextèrent que ce nouvel édifice nuirait à la vue de leur jardin, à l'extrémité duquel, ils avaient, disaient-ils, l'intention d'établir un observatoire, et obtinrent, par leurs intrigues, que l'église serait bâtie là où elle existe maintenant. Il fallut, en conséquence, démolir ce qui avait été commencé, et, dans cette circonstance, la communauté perdit une somme de neuf mille livres. En se conduisant ainsi, ces pères avaient leur projet que je ferai connaître un peu plus bas.

A l'extrémité sud-ouest de cette rue, on descend dans la rue Royale par un escalier en partie voûté, et par cette raison même, nommé l'escalier de la Voûte. Il est commode pour les habitans de ce quartier qui ont des affaires avec le port ou sur le quai.

A son extrémité nord-est, on monte à la paroisse, par une des parties latérales du perron que l'on y a construit depuis environ trente ans.

Quoique la construction de cette église ait coûté aux brestois plus de trois cents mille livres, ce n'est cependant point un monument remarquable d'architecture. Elle manque, si l'on en croit l'opinion de quelques personnes éclairées, des justes proportions que l'on exige dans tout édifice parfaitement régulier. Sa tour sur laquelle est établi le premier poste télégraphique communiquant avec

Paris, forme, dit-on, avec sa base, un contraste désagréable.

Quels que soient ces défauts, ce temple projetté en 1692, et achevé en 1708, a néanmoins quelques beautés, et renferme plusieurs choses estimées des connaisseurs.

Sa sacristie vaste et commode est ornée d'une menuiserie dont la sculpture prouve un talent du premier ordre. Peu de temples dans le royaume offrent, je pense, un maître-autel plus élégant que celui de Saint-Louis (24). Quatre colonnes de marbre cipolino, toutes d'une seule pièce et d'une hauteur d'environ vingt-deux pieds, soutiennent une Gloire fort belle, due aux plans de M. Frézier, ingénieur, qui en a, lui-même, dirigé les travaux (25). Le buffet d'orgue est aussi généralement approuvé : il est d'une belle composition. On y admirait avant l'époque de nos troubles, une chaire à prêcher du travail le mieux fini. Le vandalisme qui plana si longtemps sur la malheureuse France, la fit anéantir. Une autre la remplace, elle est brillante de dorure, mais............................

Les peintres n'ont qu'un tableau à y voir. Il est encadré dans la nouvelle boiserie de l'autel de l'Ange gardien, et représente le martyr des Machabées. M. de Cambri pense qu'il est de Bounieu.

Derrière le chœur repose en paix le brave chevalier Ducouëdic, capitaine de la frégate française la Surveillante. Jeune encore, et marchant à grands pas sur les traces des héros de la marine, il mourut, à la suite des blessures qu'il avait reçues en combattant la frégate anglaise le Québec. Deux tables de marbre noir, réunies et appliquées au mur, en forme de mausolée, indiquent sa sépulture; et l'inscription qu'on y a gravée en lettres d'or, rappelle le trépas glorieux et le courage étonnant de cet intrépide officier. Cette paroisse est desservie par des prêtres instruits et d'une piété exemplaire. Ils ont pour supérieur M. Lebescond Coatpont, homme plein d'esprit, qui sait allier à l'austérité de son saint ministère, les formes les plus douces et les plus propres à en tempérer la sévérité.

Les entours de cette église étaient jadis embarrassés par un grand nombre de cabanes désagréables qui se trouvaient adossées à ses murs. Ces cabanes n'existent plus, et tout le monde a applaudi à cette mesure qu'exigeaient la décence et le respect pour les lieux saints.

J'ai dit que les jésuites avaient eu leur dessein en déterminant à édifier le temple de Saint-Louis dans un endroit plus rapproché de leur séminaire. On se rappelle que leur demande, pour s'établir à Brest, n'avait eu, primordialement, pour objet que de fournir des aumôniers aux vaisseaux de l'État. Tel était, du moins, le motif qu'ils en donnaient; mais ces pères ambitieux en avaient un autre, celui de réunir la cure de Brest à leur séminaire. Tous les ordres de la ville joints aux habitans y formèrent opposition. Ces religieux perturbateurs se

targuant

targuant d'une sentence de jonction de ladite rectorerie à leur établissement, évidemment surprise à la religion et à la bonne foi de monsieur l'évêque de Saint-Pol-de-Léon, soutinrent leurs prétentions abusives par la violence et la force des armes (26). Ils avaient déjà fait construire une seconde sacristie d'autant plus commode, derrière le chœur de la nouvelle église, qu'ils pouvaient y entrer, sans sortir de leur maison. Ils élevèrent bientôt autel contre autel, et l'on eut, dans la demeure du Saint des Saints, le scandale affreux d'une lutte sacrilége entre ces pères, et les pasteurs légitimes de Brest. Le premier juin, 1703, ils célébrèrent la messe dans cette nouvelle paroisse, entourés de baïonnettes menaçantes. Le lendemain, ils se présentèrent de nouveau, pour y officier. Le maire, les échevins, et quelques habitans, accompagnés de deux notaires et des officiers de justice, tentèrent vainement de s'y opposer par la voix des protestations. Tandis que l'on verbalisait, un jésuite suivi de trente hommes dont les fusils étaient chargés à balle, et de deux lieutenans de place, pénétrèrent dans l'intérieur du temple. Le peuple voulut les suivre : on l'écarta, de tous côtés, par des bourrades et des coups de crosse si violens, que plusieurs s'en plaignirent avec amertume, en poussant des cris, et en versant des larmes de douleur. Les prêtres de la paroisse essayèrent de s'avancer pour ramener la paix, l'ordre et la tranquillité, mais ils furent repoussés et maltraités.

H

L'excès de la violence dont on fit usage fut tel qu'un soldat mit en joue le prêtre qui disait, en ce moment, la messe au grand autel, et l'eut infailliblement tué, si dans le moment, le sieur de Keranmoal, marguillier, n'eut précipitamment relevé le bout du fusil. Les habitans restés dans l'église en furent chassés à coups de cannes. Le curé de la paroisse, le sieur Ronan, vieillard respectable, âgé de soixante-quinze ans, dont trente s'étaient écoulés à Brest, dans l'exercice des fonctions curiales, et plusieurs autres prêtres, furent injuriés, menacés et frappés, et l'on ne sait jusqu'où se fut portée l'audace des pères, si l'on n'avait pas, enfin, trouvé le moyen d'y mettre de justes bornes. Fortement étayés à la cour, qu'ils trompaient, par la perfidie de leurs exposés, ils eurent longtemps, l'art de faire rejeter les excellentes raisons qu'on leur opposaient, et se perpétuèrent, ainsi, dans leur usurpation. Tout fut connu enfin ; leur ambition qui n'admettait rien de sacré, fut dévoilée; et Brest respira, en les voyant forcés de porter ailleurs des talens à la vérité distingués, et même supérieurs, mais funestes par l'esprit de domination qui les animait (27).

En sortant de Saint-Louis par ses portes latérales, on trouve deux places. La première, à droite, est petite. Elle était autrefois plantée à quatre rangs d'arbres; et faisait partie de la propriété de M. de Mont-Louet Cette propriété, ainsi que les revenus qui lui appartiennent, est devenue, depuis près d'un siècle celle de l'hospice, en vertu d'un legs fait par Claude de Kerléan, suivant son testament du treize octobre, 1734.

Une des principales dispositions de ce testament, est de laisser la jouissance viagère des objets qui composent ce legs, à un officier de vaisseau que désigne le commandant supérieur de la marine, à condition que cet officier entretiendra à ses frais, les édifices et dépendances en toutes réparations; et payera à l'hôpital civil, aussitôt son entrée en jouissance, une somme de mille francs.

La seconde place, dite place de Saint-Louis, est plus vaste. Elle sert à tenir les foires et marchés. On y a commencé une fontaine dont l'utilité est généralement sentie; mais la difficulté de se procurer les eaux alimentaires, en a retardé la construction. On est plus que persuadé que ce retard n'aura plus lieu, désormais. Les autorités actuelles unies par les mêmes sentimens, s'entendent et s'estiment. Il n'existe plus entr'elles d'autre rivalité que celle de concourir avec le plus de zèle, au bien public, et cette union vivement désirée, donne l'espoir que cet établissement s'achèvera sous peu.

Au haut de cette place, dans le prolongement de la rue de la Mairie, on distingue un vaste bâtiment d'une solide construction, habité, aujourd'hui, par divers particuliers, et dont la destination primitive avait pour but l'établissement d'une nouvelle boucherie.

En se dirigeant de ce nouvel édifice vers les casernes de la marine, on arrive à l'hôtel de la Sous-préfecture, voisin de l'ancien cimetière de la ville. Il est habité par M. de Lahéchois, Sous-préfet, dont les talens et les vertus sont généralement estimés du Gouvernement, et dont les qualités aimables obtiennent, chaque jour, et de plus en plus, l'attachement et la reconnaissance des brestois.

Le premier bâtiment public que l'on rencontre ensuite, est l'hôtel de la Mairie, acquis, en 1756, par la communauté, pour une somme de vingt-sept mille francs. Il appartenait, à cette époque, à M. de Chapiseau. Cet hôtel est trop étroit pour y loger monsieur le Maire; mais il contient tous les bureaux de la commune, même ceux de MM. les Commissaires de police. Ces derniers, au nombre de quatre, sont subordonnés à monsieur le Maire, pour la police municipale, et à monsieur Randon de Saint-Marcel, pour la police générale. Ce Commissaire spécial de police joint à une grande fermeté dans l'exercice de ses fonctions importantes, l'esprit et l'aménité qui sait à propos en modérer la rigueur. Dévoué au Roi et à son auguste famille, il n'est à redouter que pour ceux qui professent des sentimens contraires au bonheur dont jouissent enfin les français.

Ces hommes ennemis de la tranquillité publique ont également tout à craindre du dévouement, à Sa Majesté, de MM. Henri, ancien commissaire de marine, chevalier de l'ordre royal de la Légion d'Honneur, Maire actuel, Miorcec de Kerdanet, avocat, Collet, ancien chirurgien-major de la marine, actuellement en retraite, et Kerros, ancien administrateur de l'hospice civil, ses adjoints, tous connus par l'estimable pureté de leurs principes, et par leur attachement à leurs administrés.

En face de cet hôtel, gardé par un poste militaire de la garde nationale de Brest qui, pour la beauté de la tenue, la discipline et par son amour en faveur de la dynastie des Bourbons, le dispute à toutes les gardes nationales du royaume. On entre dans l'ancienne église des jésuites, longtemps souillée par l'odieuse présence du tribunal révolutionnaire, aujourd'hui nouvellement réparée, et rendue à sa première destination. Les troupes du Corps royal d'artillerie de marine y entendent la messe, tous les dimanches, à onze heures, comme les troupes de terre assistent, à la même époque, dans l'église paroissiale, à la célébration des saints mystères.

Plus loin, sur la même parallèle que cette église, et vis-à-vis la rue Kéréon, on entre, par une grande porte, dans l'hospice maritime, dit l'hospice du Séminaire. Le fronton de cette porte, décoré comme celui de l'hôtel de la mairie, par les armes de France, soutient deux belles statues, dues au ciseau de Bouchardon, l'une représentant la Justice, l'autre la Religion.

Ce bâtiment était, d'abord, celui des jésuites. Il

servit ensuite d'hôtel aux gardes de la marine, et après l'incendie de l'ancien hôpital qui eut lieu, comme je l'ai dit, en 1776, il fut destiné à le remplacer. Tel est encore son usage en ce moment.

A droite, en y entrant, on trouve le logement et le bureau particulier des sœurs, ainsi que les cuisines où se préparent les alimens des malades. L'aumônier y a aussi sa chambre séparée.

Les bureaux des commissaire et sous-commissaire, sont à la gauche, et la cour qui est très-vaste et parfaitement pavée, est généralement close dans toutes ses parties.

En face de la seule porte, par laquelle on y communique, se présente un grand corps de logis ayant deux façades égales, l'une donnant sur la cour, l'autre sur une terrasse opposée dont la longueur est la même que celle de cet édifice, destiné à différens services.

Je n'entrerai point dans la description des diverses salles qu'il contient. Je parlerai, néanmoins, de sa bibliothèque. Elle est bien choisie, et se compose en entier d'ouvrages relatifs à l'art de guérir.

Cette bibliothèque n'a d'existence que depuis environ l'an 1803. Elle est continuellement ouverte à messieurs les officiers de santé. On la doit encore aux vues sages et éclairées de monsieur Caffarelly, alors Préfet maritime à Brest (28).

Jaloux de contribuer à l'instruction des jeunes gens qui se destinent à l'art de rendre la santé, il a fait extraire de la bibliothèque de l'ancienne Académie de marine, tout ce qui avait rapport avec la science médicale et chirurgicale, et en a fait présent à l'école.

Sensibles à un tel bienfait, et reconnaissans d'un pareil service, les officiers de santé du port de Brest lui en ont témoigné leur gratitude en plaçant son buste, très-bien exécuté par monsieur Collet, sculpteur en chef du port, au milieu même de la salle de lecture.

Le service se fait dans cet établissement sanitaire de la manière la plus digne d'éloges. Des professeurs du premier mérite y ouvrent et achèvent, annuellement, des cours exactement suivis, dans lesquels les élèves laborieux puisent cette doctrine sûre, cette méthode savante, et cette pratique invariable qui constituent, à la fois, le bon médecin, le chirurgien habile, et le pharmacien expérimenté.

Les salles qui se trouvent inférieures à la terrasse, sont occupées, chacune, par un genre de malades. Elles sont très-étendues : se divisent en hautes et basses, et peuvent contenir environ douze cents lits.

Malgré sa grandeur, et indépendamment d'une aile joignant le grand corps de logis, et qui contient les bureaux du conseil de santé, la salle des officiers malades, et celle des consignés, cet hospice n'en est pourtant pas moins insuffisant. On a été, mainte-fois, contraint, depuis quelques années, sur-tout, de faire évacuer les convalescens, les galeux, et les vénériens, sur les hospices auxiliaires de Pontanézen, de Landernau, et de Lesneven.

A cet inconvénient qui sera toujours senti, chaque fois que des flottes nombreuses couvriront la rade de Brest, il s'en joint un autre beaucoup plus grave. Les salles construites sur un terrain bas, et jadis, marécageux à l'excès, entourées d'ailleurs, de maisons plus ou moins élevées, ont conservées une humidité qui devient presqu'insupportable dans la saison pluvieuse, et donne souvent aux maladies, les plus fâcheux caractères (29).

En quittant ce séjour des misères humaines, où la douceur, la bonté, la complaisance et les égards luttent, sous l'habit des sœurs de la charité, contre la douleur, et quelquefois même, contre le désespoir, la seule place remarquable avant d'arriver au Jardin botanique et à l'ancien hôpital de la marine, est celle des casernes du Corps royal d'artillerie.

Ces casernes sont belles et spacieuses, elles font partie d'un immense bâtiment dont la vue est majestueuse. Ce bâtiment est orné de trois pavillons, dont l'un est au centre, et les deux autres aux extrémités. Ces pavillons servent de logement aux officiers supérieurs, et contiennent, en outre, les bureaux de la comptabilité de cette arme.

La place dont je m'occupe est toute entière de Remblai. Une très-jolie allée d'arbres qui, de ce côté, forme un des prolongemens de la rue de la Mairie, offre une promenade très-agréable pour les chefs pendant que l'on exerce les nouveaux soldats au maniement des armes et aux évolutions militaires. De fortes grilles en fer que l'on a soin de fermer, assurent toutes les nuits, la tranquillité de ce quartier.

Pour compléter ces détails, il ne me reste plus à parler que du Jardin botanique, et de l'ancien hôpital.

Le Jardin botanique fut établi, en 1768, par messieurs Courcelles et Poissonnier. Il manquait à la perfection de l'instruction médicale.

En 1771, il ne renfermait qu'environ deux cents plantes indigènes.

Lorsque monsieur Laurent, officier de santé de seconde classe, obtint sa direction, il était resserré dans des limites qui ne permettaient d'y entretenir, tout au plus, que neuf cents espèces différentes. Ce terrain fut doublé, en 1780 : M. Laurent, sans frais, à l'aide des forçats qu'il dirigeait, y fit construire une orangerie et une serre chaude, se procura des châssis vitrés, fit élever des galeries pour y placer des plantes desséchées, et construire, enfin, le pavillon qui renferme des objets curieux d'histoire naturelle, objets qu'il sut se procurer à force de demandes, de recherches, et de soins.

Monsieur Duval, chirurgien-major et professeur, y fait chaque année, un cours très-suivi, et monsieur Billard, second médecin de la marine, y donne publiquement, des leçons d'hygiène navale.

L'ancien hôpital de la marine est maintenant la succursale de celui du Séminaire. Messieurs les officiers de santé de l'école en font également le service. Ce corps extrêmement utile par le grand nombre d'hommes éclairés qui le composent, rend à la ville les services les plus distingués, et porte par-tout, le flambeau de ses lumières, et le secours bienfaisant d'une pratique constante au lit des malades.

Beaucoup de médecins civils de cette cité sont sortis de ce corps respectable, et tous les jours on est à même d'apprécier le mérite des maîtres qui les ont instruits, en cueillant les fruits de leur science, dans l'art de conserver.

Après avoir parlé du père, de l'ami, du protecteur des chirurgiens de la marine, de ce monsieur Billard dont le souvenir est toujours précieux pour ceux qui l'ont connu, oublierai-je cet homme aimable et spirituel, ce médecin profond quoique doutant un peu de l'efficacité de son art, ce monsieur Sabathier enfin, que ses amis cherchent tous les jours, et qu'ils ne retrouvent plus. Non, quoiqu'étranger aujourd'hui à l'art de soulager les maux de l'humanité, je fus aussi au rang de ses élèves, et je paye en ce moment, à ses mânes, la dette de ma reconnaissance. Frère d'un chirurgien renommé, il eut pu, de même, parvenir à une juste célébrité. Pour y réussir, il ne lui manqua que le vouloir.

Je ne vous oublierai pas davantage modeste et savant chimiste, vertueux Gesnouin, qu'une mort récente vient d'enlever au bonheur de vos jeunes disciples et à l'attachement unanime de vos concitoyens; la science éplorée verse des larmes sur votre tombe, et votre mémoire restera longtemps gravée dans le cœur des brestois.

Qu'on me pardonne cette expansion de sensibilité : c'est un hommage que je rends à la vertu. Les ingrats seuls pourront la critiquer.

L'école actuelle, sans contredit l'une des meilleures du royaume, est composée de professeurs aussi éloquens qu'ils sont habiles. Messieurs Delaporte, chirurgien en chef de la marine, Mollet, chirurgien-major, et Chatelain, pharmacien de première classe y donnent tour-à-tour, des leçons publiques d'opérations chirurgicales, d'anatomie et de chimie, avec un talent et une facilité supérieurs. Leurs cours offrent la réunion de presque tous les élèves, et même des officiers de santé de toutes les classes. Ils n'en sortent jamais, que satisfaits, et avec le désir le plus prononcé d'assister le lendemain à de nouvelles leçons, tant elles leur présentent, à la fois, d'intérêt et de profondeur.

Il paraît qu'à la formation de Brest, le Pont de terre n'existait point, et qu'il n'a été construit, par la suite, qu'afin de réunir deux portions de terrain, dont la jonction était nécessaire pour l'accomplissement des projets de MM. les ingénieurs-voyers. Il paraît encore que, dans les premiers temps, il n'y avait de murs d'aucun côté.

En effet : en 1762, le sieur Brisson proposa de construire, à ses frais, la moitié de celui donnant sur l'abreuvoir. Sa proposition fut acceptée. Un autre fit le reste. Les dangers n'étaient plus dès-lors aussi grands; mais du côté opposé ils se trouvaient toujours les mêmes. Plusieurs personnes en ayant été victimes, on ouvrit enfin les yeux, et par délibération du dix octobre, 1801, la commune adjugea la clôture de ce passage périlleux à un entrepreneur, pour la somme de sept mille cinq cents francs.

Avant la révolution, les cimetières de Brest et de Recouvrance étaient dans l'intérieur de la ville. On sait combien les émanations putrides qui en provenaient étaient pernicieuses. Envain l'humanité avait-elle, souvent, fait entendre sa voix pour engager à éloigner ce foyer continuel de corruption; ce ne fut qu'en 1790, qu'on se décida à les établir hors les murs.

Ces nouveaux cimetières ne furent d'abord que des champs garnis de fossés, où l'on enterrait les cadavres avec une négligence coupable, au point qu'ils n'étaient pas toujours à l'abri de la voracité des animaux carnassiers. Les citoyens honnêtes s'en plaignirent avec amertume, et le treize juin, 1803, une délibération de la commune adjugea la clôture de celui de Brest, pour la somme de treize mille trois cents francs.

Le sieur Tourot, ancien maire de cette ville, a planté ce lieu funèbre d'arbres et de charmilles. Il l'a rendu d'autant plus décent, qu'il l'était moins naguères. C'est, aujourd'hui, un but de promenade mélancolique pour les êtres sensibles dont les parens ou les amis reposent dans son enceinte.

On doit également à monsieur Legros, chevalier de l'ordre royal de la Légion d'Honneur, la clôture de celui de Recouvrance. Ce prédécesseur du maire actuel, dans l'administration municipale, a aussi des droits à la reconnaissance des citoyens de Brest, pour l'établissement, en avant du glacis, de la place des Bourbons. Cette promenade agréable est son ouvrage, et celui de monsieur le chef de bataillon du génie, Guesnet, dont j'ai déjà parlé plusieurs fois, et toujours avec un nouveau plaisir.

J'ai omis de citer dans la description du port de Brest, l'île factice construite à l'extrémité supérieure de la rivière de Penfel, et je m'empresse de réparer cette omission.

Les uns approuvent la création de cette île; les autres la condamnent. Après un mur examen, je partage cette dernière opinion. De quelqu'utilité, en effet, qu'on la suppose, elle aura toujours un grand défaut, celui de gêner le cours de cette rivière, et de le rendre même dangéreux pour les bâteaux des meuniers qui travaillent, journellement, au service des vivres de la marine.

Un autre inconvénient aussi grave, est celui de l'encombrement du port dans cette partie. Construite en pierres sèches, cette digue laisse filtrer les eaux dans son intérieur, et dans quelques années, finira par engraver et combler le fond d'un port tellement précieux à l'état, qu'on ne doit rien négliger pour le conserver.

Le lecteur connaît, maintenant, la topographie de Brest; mais le caractère, les qualités, les mœurs de ses habitans manquent à ce tableau. Je vais en dessiner les principaux traits, puisse la copie n'être pas trop faible, trop pâle, comparée à l'orignal!

La population de cette ville est, aujourd'hui, d'environ vingt à vingt-cinq mille ames. Depuis la réunion de la Bretagne à la France, elle s'est toujours montrée soumise et fidelle aux souverains de ce beau Royaume, j'en ai fourni dans le cours de ces Essais, plusieurs preuves que l'on ne saurait contester.

Dans les premiers jours de la révolution, les brestois montrèrent un patriotisme toujours pur, toujours éclairé. Ils sauvèrent ce boulevard de la marine française, des fureurs de l'anarchie et du démagogisme : mais dans cette lutte périlleuse, ils eurent, aussi, le malheur de perdre plusieurs de leurs concitoyens justement estimés. D'autres aussi estimables furent obligés de se cacher pour dérober leurs têtes à la hache des assassins de 1793. Une section de l'affreux tribunal révolutionnaire y répandit longtemps la terreur.

Dévoués à la patrie, leurs nombreux bataillons couvrirent nos frontières. Tandis que leurs aînés repoussaient avec le courage inné chez les bretons, l'ennemi extérieur, les puînés formant une garde nationale, animée du meilleur esprit, surveillaient l'ennemi intérieur, et protégeaient, contre ses tentatives criminelles, le dépôt le plus important des forces navales de l'État.

Le courage n'est pas le seul caractère distinctif de ces citoyens. Ils sont généralement, doux, aimables, hospitaliers. Froids en apparence, ils ne se livrent point à des transports subits et presque toujours exagérés. Ils offrent dans toutes les affaires, le calme de la raison; mais leur attachement n'en est pas moins vif, et quand il s'agit d'en donner des preuves, leur zèle est aussi brulant, leur amour aussi expansif que celui de tous les français. Son Altesse Royale Monseigneur le Duc d'Angoulême a reçu d'eux les marques les plus vraies, les mieux senties et les plus fortement exprimées de leur dévouement absolu à son auguste famille. Le nom chéri de Louis le désiré, celui de l'Antigone française, celui de Monsieur et de ses augustes fils, volaient de bouche en bouche, et se répétaient à l'envi. L'on se félicitait réproquement; et la présence d'un Bourbon dans leurs murs, fut pour eux ce que sont, pour les marins, les feux présages du calme le plus doux, après la plus horrible tempête. Le

Monarque peut enfin compter sur les brestois, comme ses ayeux y comptèrent jadis. Honneur, fidélité, franchise, voilà leur devise de tous les temps, et celle qu'ils adoptent aujourd'hui plus que jamais.

Les arts et les sciences ne leur sont pas plus étrangers que les qualités brillantes dont je viens de parler.

Monsieur Duret, chirurgien-major en chef de la marine, aujourd'hui retraité, ne connaît plus en France, depuis longtemps, que des égaux dans l'art de prolonger la vie, et de calmer les souffrances. Si l'école de Brest a sur les écoles de chirurgie des autres ports du royaume une supériorité incontestable, on la doit toute entière aux soins qu'il s'est donné pour étendre l'instruction. Il y a consacré, avec un succès marqué, les plus belles années de son existence, et les services qu'il a rendus à la chose publique sont aussi nombreux que ses jours. On lui doit d'avoir le premier réussi, à Brest, dans l'opération de l'anus artificiel. Instruits par ses doctes leçons, deux de ses élèves ont eu le même succès. Un gouvernement oppresseur a pu l'oublier dans la distribution des récompenses, mais un gouvernement juste ne peut se dispenser de réparer un pareil oubli. L'étoile de la Légion d'Honneur brillerait sur son cœur d'un nouvel éclat, et les habitans de Brest applaudiraient avec transport, à cet acte de justice, dont personne n'est plus digne que cet habile chirurgien.

Messieurs

Messieurs Fournier, Rochat, Guépratte, Candeau et le jeune et intéressant Charraux, professeurs de mathématiques transcendantes, forment pour la marine, et pour la terre, des élèves qui font le plus grand honneur à l'étendue de leurs connaissances.

Il n'est aucun amateur qui ne rende hommage à la facilité et à la netteté du burin de monsieur Ledault, dont un des fils, déjà son égal dans cet art, promet même de l'y surpasser.

Messieurs Letendre et Gilbert, dessinateurs de marine, élèves de monsieur Ozanne, dont le souvenir est si cher à tous les brestois, justifient les rares talens de leur maître, par l'élégance, la correction et le fini de leurs travaux.

Les Morier fils, oncle et neveu, couteliers, les Lesguer et les Demeuré, mécaniciens et opticiens; les Mollard, dans l'Horlogerie; les Rahiers, dans l'Orfévrerie; sont tous dignes des plus grand éloges, et chacun, dans sa partie, peut rivaliser de mérite et de talent, avec les premiers maîtres de la capitale.

Le sol de Brest et de ses environs, ne présente aucune espèce de production propre à être échangée contre des marchandises.

Le commerce de la Sardine, dont cette ville tirait autrefois un assez grand avantage, appartient exclusivement, aujourd'hui, à la petite ville de Douarnenez qui, sur-tout en temps de paix, fait des envois de ces poissons pressés, non seulement

I

dans l'intérieur, mais encore à l'extérieur du Royaume.

Les besoins qu'éprouve la ville de Brest, sans être nombreux, sont néanmoins de nature à fixer l'attention du Gouvernement. Je ne citerai point les écoles secondaires dirigées par des maîtres habiles ; elles suffisent pour former des sujets instruits dans les élémens des langues anciennes et du calcul ; mais ces écoles sont dispendieuses : les pauvres n'y peuvent point faire entrer leurs enfans. On reverrait par conséquent, avec plaisir, à Brest, les frères de Saint-Yon. Leur ancien établissement y existe, et la classe peu fortunée y trouverait une éducation qu'elle ne peut se procurer ailleurs, par le défaut de moyens.

Les établissemens utiles qui manquent à la commune, sont principalement des prisons saines, une maison de correction, une halle assez vaste pour contenir, en cas de nécessité, la nourriture de ses habitans, pour six mois ou pour un an, et enfin, une bibliothèque publique.

Il y a longtemps que les prisons de cette ville devraient être reconstruites. La loi qui punit une faute légère par une correction de même nature, ne veut pas la mort du coupable, et cependant, c'est la mort, ou les infirmités qui conduisent douloureusement à ce terme fatal, qu'y trouvent ceux qui, subissant des peines correctionnelles pour des délits du même genre, n'ont pas les moyens de payer un asile plus supportable. Jetés dans des cachots infects, exposés à une humidité, d'autant plus grande que les prisons du château sont presque toutes taillées dans le roc, ils contractent des maladies souvent incurables.

N'est-ce donc pas assez que la loi punisse, sans exposer encore à un trépas certain, ceux qu'elle a frappés ?

Pourquoi n'existe-t-il pas dans les prisons un local particulier pour les individus qui, n'étant pas encore jugés, sont tout au plus sous le coup d'une plus ou moins forte prévention ?

Pourquoi réunit-on des condamnés, pour de faibles infractions à la loi, et des brigands qui n'attendent que l'instant d'expier leurs crimes sur l'échafaud ?

L'on désirerait que sur chaque porte intérieure des cellules destinées à renfermer les prisonniers, on affichât la nature des crimes auxquels ils se sont abandonnés, et que, par une justice distributive, confiés aux magistrats supérieurs de la ville, ces prisonniers fussent plus ou moins resserrés, dans des lieux toujours sains, suffisamment aérés, et parfumés souvent, selon le plus ou moins de gravité des peines qu'ils ont encourues. On éviterait, ainsi, de grands maux, et l'on produirait par cela même, un grand bien pour la société.

L'oisiveté, dit-on vulgairement, est la mère de tous les vices. D'après cet axiôme pour ainsi dire proverbial, l'on peut aisément concevoir, que des prisonniers qui, pendant un an, terme de leur condamnation, sont détenus sous les mêmes voûtes, sans pouvoir s'occuper, se livrent à tous les désordres, au point que tel qui est entré, pour ainsi dire, presque vertueux dans ces horribles demeures, n'en sort trop souvent, que pour commettre les forfaits les plus atroces.

Une maison de correction, c'est-à-dire une maison de travail, est donc indispensable. Elle est d'autant plus nécessaire à Brest, que les tribunaux y condamnent, pour filouterie ou simples vols, un plus grand nombre d'enfans, qui achèvent leur éducation perverse dans ces derniers repaires du crime; mais qui, séparés des hommes, et employés, chaque jour, à un travail proportionné à leurs forces, finiraient peut-être par acquérir des vertus, et même un état propre à les garantir de la rechute.

Les idées que je viens d'exprimer ne sont pas nouvelles, je le sais : comme elles peuvent, néanmoins, être utiles, je me fais un devoir de les rappeler. L'importunité, en pareil cas, n'est un défaut, que lorsqu'elle n'a point un objet important pour motif.

Brestois ! soyez donc importuns, sollicitez, pressez, frappez même à toutes les portes de la puissance souveraine, servez, en un mot, l'humanité comme vous servez la patrie, et vous mériterez également de l'une et de l'autre.

L'utilité d'une halle aux bleds est généralement reconnue, et mieux encore sentie. Plusieurs fois on en a fait la demande inutilement, il est vrai; mais l'espoir reste : et l'on réussira, je l'espère, à l'obtenir. L'enfoncement du Pont de terre, du côté de l'hôtel de Provence, enfoncement indiqué déjà par M. Besnard, mort, il y a peu de temps, un des directeurs généraux des ponts et chaussées, serait alors l'endroit le plus convenable pour cet établissement désiré.

Tandis qu'on aimera les arts et les sciences, les bibliothèques seront recherchées, comme le plus sûr moyen de parvenir à leur perfection.

Ils ne reparaîtront plus ces jours de vandalisme et de fureur, où les connaissances étaient un titre de proscription, et où l'ignorance obtenait toutes les faveurs. L'instruction appartient aujourd'hui à toute la France. Eh! quel pays demande, en général, plus d'instruction que celui qui est le dépositaire de tout ce que la marine a de plus précieux.

Il y a, sans doute, une bibliothèque à Brest; mais elle est renfermée dans l'enceinte du port.... Elle appartient exclusivement à la marine. Elle n'est donc pas ouverte de droit à tous les citoyens, quoiqu'on les y tolère, quoiqu'on les y accueille même avec amabilité. Elle ne peut, conséquemment, être considérée comme une bibliothèque communale.

L'établissement que je propose aurait cet avantage. Placé dans le centre de la ville, il deviendrait pour ainsi dire un foyer, dont les lumières se répandraient dans toute sa circonférence. L'instruction, bien dirigée, est la force morale d'un état.

Quel motif pour la propager ! Tout ami de la prospérité nationale doit s'empresser d'émettre un tel vœu, et c'est à ce titre que je manifeste publiquement le mien.

Brest, comme place de guerre, a une porte avec pont-levis et son avancée, qui se ferment régulièrement tous les soirs, plus tôt ou plus tard, suivant l'ordre et la marche des saisons. Une seconde porte est indispensable pour cette cité. L'ancien gouvernement en avait senti le besoin, et avait permis de l'ouvrir à côté, et dans la même courtine que celle qui existe et que j'ai désignée sous le nom de porte de Landernau. Elle se trouverait en face de la rue Royale. M. Guesnet est encore l'auteur du projet de cette nouvelle porte, dont le plan a été approuvé par le comité des fortifications. D'après ce plan, il y aurait entre ces deux portes une très-belle fontaine, sur laquelle serait posée l'élégante statue du chasseur, placée à Recouvrance, dans un jour désavantageux.

Nul doute que le gouvernement actuel, sur qui repose, à si juste titre, toutes les espérances de félicité publique, ne confirme cette permission. Lorsque cette porte sera construite, elle évitera, aux particuliers, une multitude de dangers auxquels ils sont exposés, chaque jour, par les voitures qui encombrent souvent cet unique passage pour l'entrée et pour la sortie.

Je suis arrivé au terme de ma carrière. La tâche

que je m'étais imposée est remplie. Je ne peux rien de plus pour ces Essais. Puissent-ils, tout informes qu'ils sont, peut-être, offrir quelqu'intérêt à l'esprit de mes lecteurs! Puisse, sur-tout, notre vertueux, notre digne Monarque, exaucer les vœux que j'ai faits pour l'embellissement de la ville qui m'a vu naître! Si ce travail est assez heureux pour en obtenir un regard de bonté, puisse cette bonté se tourner en faveur de mes compatriotes. Ils furent aimés de ses ancêtres, et méritèrent cet amour par leur fidélité. Les brestois d'aujourd'hui ont les mêmes vertus que leurs pères. Qu'ils en reçoivent la même récompense, et leur cri de bonheur, comme le mien, sera toujours, VIVE LE ROI! VIVENT LES BOURBONS!

NOTES.

NOTES.

(1)

(Occismiens, Occismor), on ne peut plus aujourd'hui révoquer en doute l'existence des divers peuples connus sous les noms divers d'Ossismes ou d'Occismes, d'Ossismiens ou d'Occismiens, de Timiens ou d'Occismorenses. On sait également que ces peuples ont habité, particulièrement, ce pays. César, Strabon, Pomponius-Mela, Pline, Ptolemée, et Pithéas, de Marseille, en font tous une mention honorable.

César leur donne, de plus, le nom d'Armorici, dans ses commentaires. Voici comme il s'exprime à ce sujet : Populi ex civitatibus occeanum attingentibus, quæ Armoricæ appellantur.

Pomponius-Mela place les Ossismii sur la mer Britannique, vis-à-vis l'île de Séna ou Sénan. Sena insula in Britannico occeanô, Ossismicis adversa littoribus.

Strabon fait de ce peuple le voisin des Venétes. Post Venetos sunt Ossismii, quos timios Pitheas dicit, versùs occeanum habitantes, in promontoriô quodam satis longè porrecto.

Pline compare la Bretagne à une péninsule qui s'avance dans l'océan, et dont l'extrémité était habitée par les Ossismii. Lugdunensis gallia habet Lexovios, Venetos, Abrincatuos, Ossismios, clarum flumen ligerim, sed peninsulam spectatiorem, excurrentem in occeanum a finê Ossismiorum circuitû.

Ptolémée, dans la description qu'il fait des peuples de l'Armorique, depuis l'embouchure de la Seine, jusqu'au promontoire Gobée, reconnaît que les Occismii étaient voisins de ce dernier. Latus septentrionale sequanæ, tenent caletæ, post quos Lixuvii, post Unelli, post hos Biducenses, et ultimi, usque ad promontorium Gobeum, Ossismii.

Pithéas donne à ces mêmes peuples le nom de Timii.

Après des peuves aussi multipliées, il est évident que les premiers habitans de Brest et de ses environs, ont été les Occismiens. Voyons maintenant quelle a été leur Capitale, sous le nom d'Occismor.

Quelques écrivains ont rapporté, longtemps après Le Baud, que la ville de Saint-Pol-de-Léon, est la première qui ait porté ce nom. L'auteur de la vie de Saint-Menoul pense, au contraire, d'après le père Labbe, que la ville de Quimper est l'ancienne Occismor.

Danville, dans sa géographie abrégée, croit que c'était Carhaix.

Le savant et célèbre évêque d'Avranches, Huet, veut enfin que cette Capitale ait été en Normandie, en un lieu nommé Hiesmes ou Exmes, ville alors considérable, et qui n'est plus, aujourd'hui, qu'un bourg de l'ancien diocèse de Séez ; mais en lisant avec attention la description que fait Le Baud de la partie de la petite Bretagne, où cet auteur prétend que descendit un des lieutenans de César, avant de se rendre en Angleterre, il paraît évident qu'ils se sont trompés. Voici comme il en parle, page 15 et suivantes de son ouvrage.

« *La cité des Occismes, qui fut la principale entre les cités Armoricaines, et où les Rois et Princes de l'Armorique faisaient le plus habituellement leur séjour, était située à l'extrémité occidentale du pays d'Aginense, pays où est actuellement Brest. L'histoire rapporte que Brutus, avec ses compagnons, après la défaite des Rois des Gaules, près Tours, descendit la Loire, entra dans l'Océan, appelé aujourd'hui mer de Bretagne, et prit terre en un lieu fort agréable, où il permit à ses soldats d'oublier un instant leurs précédentes fatigues.* »

Après avoir dit ensuite que les troupes que Brutus conduisait en Albion, enchantées de ce lieu, tentèrent inutilement de l'y arrêter ; après avoir ajouté, que ce général leur répondit que les Dieux l'appelaient ailleurs, mais qu'il n'empêcherait pas d'y rester ceux qui en avaient le désir, l'historien de la Reine Anne continue ainsi.

« Brutus remonté sur ses galères, plusieurs de ses compagnons demeurèrent dans le pays inhabité qu'il abandonnait, et après son départ, commencèrent à y édifier une cité que, dans leur langue, ils nommèrent Occismor. »

Brest est-il cet Occismor ? Pour nous en assurer, suivons l'auteur que nous traduisons.

« Relativement à la situation de cette ville d'Occismenses, on lit dans l'histoire de Saint-Gouesnou, que dans cette partie, on trouve un passage maritime qui permet de communiquer de la côte d'Aginense à celle de Crauzon. Ce passage étroit et court appelé Mungulus, en latin, n'est autre qu'une gueule de mer. Les terres des deux côtés se rapprochent et s'éloignent, l'une de l'autre, par petits intervalles, et la mer qui les baigne, y offre sans cesse de forts courans. Quand elle a franchi ce détroit, elle fait un pélage en manière de grand étang, qui se partage entre plusieurs ports et plusieurs rivages. La rapidité des courans que l'on remarque dans ce passage, lui ayant fait donner le nom d'Occismus, les habitans adjacens furent appelés Occismes, et leur ville, la cité des Occismes ou Occismorenses. »

Après avoir indiqué le lieu de cette cité, Le Baud parle-t-il de son port, ce qu'il en dit *confirme l'opinion que la dénommination d'Occismor était anciennement celle de Brest.*

« *La réunion, dit-il, des eaux de la rivière de Caprelle avec celles de la mer, fait, au milieu de la ville, une sûre et agréable station aux navires. La terre, par une courbure naturelle, s'étend comme un bec, jusqu'à l'autre rive du fleuve, et par cet obstacle, empêche la fureur des flots. Ce bec laisse néanmoins un espace assez ample, pour que les nefs y entrent comme par un huis, et quand elles y sont reçues, elles ne craignent ni la rage des vents, ni la colère des flots.* »

Que peut-on demander de plus positif, de plus satisfaisant? Que l'on dépouille le port de Brest de ses édifices nombreux, créés pour les besoins de nos flottes, n'est-ce point lui, dont on vient de voir le tableau? Que l'on se reporte également à la peinture que fait notre historien, du Mungulus, qui ne reconnaît pas le passage connu aujourd'hui sous le nom de Goulet, passage dont le peu de largeur et les sinuosités ont été si fidellement décrits? Enfin, que l'on jette les yeux sur la rade, on y verra ce pélage en manière de grand étang, qui se partage entre plusieurs ports et plusieurs rivages.

D'après ces rapprochemens naturels, les assertions des Labbe, des Danville, des Huet, se trouvent démenties par la topographie. Elles le sont de même par l'histoire. Le Baud a fourni la démonstration de la première de ces vérités, c'est encore dans son ouvrage que l'on puisera la preuve de la seconde.

« Conan, dit-il, premier Roi de Bretagne, visitant l'empire qui lui avait été laissé par Maxime, vint à la forte et ancienne cité des Légions, laquelle cité fut, en premier langage, nommée Occismor. Cette cité était environnée de mer, et avait un port naturellement enclos. Elle était très-peuplée d'hommes belliqueux, de très-noble et agréable circuit, et située auprès de terres fertiles. Sa gueule de mer y jette par le conduit de nature, trois bras, dont l'un s'étend vers Landernau, qui a le rivage montueux. Dans ce bras tombe le fleuve d'Ilorne, qui est environné de bois et de forêts, et là perd son nom. »

Plus de difficulté maintenant. Ce Goulet, cette ville de Landernau, cette rivière d'Elhorn, qui se jette dans la rade et y perd son nom, tout cela n'appartient qu'à Brest. Toute cette réunion d'indices très-significatifs, prouve évidemment que Brest a été connu, jadis, sous le nom d'Occismor.

(2)

ÉPITAPHE DE SALOMON III.

Anno 856, hic Salomon Rex religiosissimus ab impiis ad oppidum quod dicitur Bræsta, patrantibus quibusdam episcopis quos idem Rex juxtà bonæ memoriæ P. Nicolai insinuationem de suo malo introitû in ecclesiam tempore Neomenii sui prædecessoris redarguebat, unâ cùm aliquibus proceribus, effossis oculis, occisus, martyribus nuncupatur.

Ex chronicô Nanetensi.

(5)

Universis, etc. Hervœus vice-comes de Leoniâ, noveritis quod cum contentio verteretur inter me, ex unâ parte et nobilem virum Brittaniæ ducem Johannem comitem Richemundi, ex alterâ, tandem compositum fuit inter nos et ipsum sub hac formâ, quod villa de Brest, et castrum et portus remanerent dicto comiti et hæredibus suis in fœdo, etc.

Hæc omnia juravi quod fideliter observabo. In cujus rei testimonium præsentes litteras sigillo meo sigillavi. Actum apud Kimperle anno Domini 1259. Mense martii.

Ex chronicô Nanetensi.

(4)

Richard, par la grâce de Dieu, Roi d'Angleterre et Seigneur d'Irlande, à tous ceux qui verront ces lettres, salut.

Nous avons vu certain traité fait et accordé par entre nous et notre conseil d'une part, et notre très-cher frère Jéhan de Bretaigne d'autre part en la forme ensuit. Ce sont les articles traités et accordés par entre le Roi Richard d'Angleterre, et Jéhan de Bretaigne, et comte de Montfort et Richemont, touchant le Châtel de Brest en Bretaigne. Premièrement, que notre sire le Roi aura ledit Châtel avec toutes les appartenances si bien les briefs de Bretaigne à prendre illecques comme sécheries et fera garder bien et sûrement à ses propres otages, même le Châtel durant les guerres; ou les guerres finies ou par traités ou par longues trèves par quelconque voie que ce soit notredit Roi sera tenu et obligé pour lui et pour ses heirs de rendre bien et loyaument ledit Châtel de Brest avec toutes les appartenances audit Duc ou à ses heirs de son corps ou à sa femme sans fraude et malengin, franchement et quittement, sans aucun empêchement par défaut de paiement ni par autre quelconque que poët être dit ou fait à l'encontre, quand notredit sire le Roi ou ses heirs en seront requis par ledit Duc, ou par les soens.

Donné et testimonié le six avril, l'an de notre règne, le premier.

Chronique de Nantes.

---

(5)

Le Conquet et son port étaient jadis assez importans, ainsi qu'on en pourra juger par la neuvième note. Cette partie de la côte a éprouvé diverses descentes de la part des Anglais. Son commerce maritime qui était fort étendu et fort lucratif, est considérablement diminué. Il y a environ soixante ans qu'on y expédiait encore quarante navires tous les ans, pour le cabotage. Ce nombre est aujourd'hui réduit, tout au plus, à huit.

(*Mémoires relatifs à la marine*, par *A. Thévenard, Vice-Amiral, tome II*).

(6)

L'Abbaye de Saint-Mathieu est fort ancienne: voici ce que dit dom Mabillon sur l'époque de sa fondation.

Tanguidus abbas monasterii Gerberensis, Sancti Mathei monasterium in extremo Armoricæ apud Leouenses promontorio, sub medium sæculum VI, construxisse perhibetur.

Ann. Bened. Tome I. Lib. VI.

(7)

(*Porsmoguer.*) Le dernier rejeton de cette famille est mort à Brest, en 1778, avec le grade d'enseigne de vaisseau. Si l'on en croit M. Thévenard, excellent juge du mérite dans cette partie, il n'a manqué à ce jeune homme que l'occasion, pour se montrer le digne émule de la bravoure et du dévouement d'Hervé Porsmoguer.

(8)

(8)

(*La Cordélière.*) Ce vaisseau avait été construit au bas de la rivière de Morlaix, ville commerçante, située à douze lieues nord-est de Brest, d'après les ordres de la duchesse Anne. Il avait douze cents hommes d'équipage.

(*D'Argentré, histoire de Bretagne, page* 700, *édition de* 1669).

(9)

Copie du procès-verbal fait par le sieur Jean-Leprêtre, pensionnaire du Roi François I.er, par ordre de sa Majesté, et du duc d'Étampes, comte de Penthièvre, pour estimer et connaître les dommages faits aux habitans du Conquet, par la descente des Anglais et de leurs alliés.

« Jean Leprêtre de Lézonnet, pensionnaire ordinaire du Roi, et commissaire du Roi en son pays et duché de Bretagne, ordonne très-haut et très-puissant prince monseigneur le duc d'Étampes, comte de Penthièvre, chevalier de l'Ordre, et lieutenant-général de sa Majesté audit pays, pour entendre et vérifier les pertes et dommages que les habitans de la ville du Conquet, paroisse de Lochrist, Plougonvelin, Saint-Mahé, Trébadu, gros bourgs, et villages de Kervegant, Kergos, et Prat-ar-Horen, ont eu par la descente des Flamands et Anglais, certifie qu'en vertu de ma commission dont la teneur suit :

K

« Le duc d'Étampes, comte de Penthièvre, chevalier de l'Ordre, gouverneur et lieutenant-général pour le Roi en Bretagne, au sieur de Lézonnet, pensionnaire dudit seigneur Roi, audit pays, salut : parce que les habitans du Conquet, Saint-Mahé, Lochrist, et autres lieux circonvoisins, nous ont présenté requête pour remontrer et faire entendre au Roi la perte qu'ils ont faite par la descente des ennemis auxdits lieux, afin qu'il plaise à sa Majesté de les aider, en désirant savoir la vérité de ladite perte et dommage que lesdits habitans ont faite.

« Nous, à ces causes, vous prions et mandons par ces présentes, vous transporter sur lesdits lieux, pour duement vous informer desdites pertes et dommages par chacun que vous verrez et connaitrez être gens de bien, et fidèles, et pareillement, par le bon jugement que vous pouvez avoir, pour des choses que vous v........

Selon cela faire entendre au Roi ladite perte et dommage, à quoi nous vous avons pour cette raison commis et commettons par lesdites patentes pour lesquelles vous......... désiré. Donne et donnons plein pouvoir et autorité commission et commandement spécial par ces dites présentes que, etc. etc. Le 7 avril, ainsi signé Jéhan duc de Bretagne et en souscription de monseigneur le duc gouverneur et lieutenant-général, servant et cacheté de son cachet.

« Me suis transporté du lieu et place de Brest,

au lieu de Bertheaume et au long des côtes de la mer par les paroisses ci-dessus nommées ayant appelé avec nous les officiers du Roi de la jurisdiction de Brest et de Saint-Renan et en la présence étant arrivé audit lieu du Conquet et pris le serment des témoins ci-après savoir : du seigneur de Kersimon, capitaine du ban et arrière-ban de l'évêché de Léon, noble homme, Allain Lelouet, seigneur de Keromp, Jean Pomelin, seigneur dudit lieu, Jean Kerléan, seigneur dudit lieu, Yvon Kerléan, seigneur de Kerdré-Antou, Goulven-Lancelin, capitaine du Conquet, Robert Kersangely sieur de Keroutant, partie desquels témoins ont attesté avoir vu oculairement, les Anglais et Flamands ennemis du Roi mettre le feu aux maisons et églises ci-après déclarées, et ont vu, au vrai, la généralité des parties de chacun marchand du lieu du Conquet par les avoir hantés et entendus leurs trafics tant par mer que par terre, et le nombre des maisons des paroissiens brulées et pour, plus amplement, en vérifier ai pris le serment desdits paroissiens, et premier du procureur des paroissiens de Lochrist, Plougonvelin qui ont rapporté par leur rôle avoir en icelle paroisse quatre cent cinquante maisons dont n'est demeuré que douze maisons entières, le procureur de la paroisse de Plougonvelin qui a aussi rapporté y avoir deux cents maisons tant nobles que autres....... en icelle paroisse; le procureur de la paroisse de Saint-Mahé rapporte avoir cinquante maisons de brulées et les églises. Les religieux de l'abbaye dudit Saint-Mahé avoir été brulés le dortoir, la sacristie, les chaises du chœur, les images, les chapitres, les ornemens avec chasubles, chappes sacraires d'argent doré, et livres, deux paires d'orgues emportées, deux cloches, et une rompue. Au dehors de ladite abbaye brulée, grenier, halle, auditoire, et étable. Disent leurs pertes n'être pas moindres de cinq à six mille livres. Et la ville du Conquet est rapporté qu'il y avait quatre cent cinquante maisons dont n'est demeuré que huit entières. Au havre du Conquet il y avait le nombre de trente-sept navires garnis et équipés de munitions et artillerie ont été brulés l'artillerie emportée, et pour la soudaine descente de l'armée desdits ennemis qui fut ledit jour à neuf heures du matin sans avoir été découverte jusqu'à l'heure de leur descente, de sorte que les habitans n'ont eu aucun loisir de sauver leurs meubles, étant en leurs maisons, ni artillerie et munitions qu'ils avaient à terre tant pour la garde de leurs côtes, que pour équiper lesdits navires. Rapportent les habitans en avoir perdu trois cents pièces de fer, et de fonte, comme arquebuses avec mousquetons, cerfs-volants, etc. et, quant à la perte desdits habitans, parties des témoins attestent et rapportent la part de chaque particulier être au plus de la vérité comme il suit Yvon Leguer bourgeois et hollier dudit

Conquet, certifie par son serment, sa perte de deux mille quatre cents livres tournois ; Yvon Kernatons, certifie avoir perdu, tant en deux maisons, qu'en meubles brulés, deux mille quatre cents livres ; Herneault Ledeauguer, certifie sa perte être de huit cents francs ; François Treudigne, demeurant près la ville du Conquet, certifie avoir perdu, tant en maisons brulées qu'autres choses et marchandises de fer, la somme de mille francs pour une partie, et de cent cinquante livres d'une autre part, etc. plus grand nombre de marchands de la ville du Conquet desquels pour la brularité ne rapportent les noms en ce procès-verbal ; mais après les avoir ouis chacun en son particulier, et oculairement leurs dites maisons, navires et autres, et sur ce, pris recours et avis desdits témoins desdits officiers du Roi, avons donné témoignage que les pertes et endommagemens desdits habitans du Conquet et paroisses circonvoisines, se peuvent monter à la concurrence et valeur de deux cents mille livres et plus, et pour attestation de vérité, ai signé ce présent procès-verbal, et fait signer au greffier desdites jurisdictions de Brest et de Saint-Renan. Ainsi signé sur la minute, Leprêtre de Lézonnet. »

(10)

(*Papegau.*) Le Papegai ou Papegau était,

d'après le Dictionnaire des Sciences, tome onze, page 833, de l'édition de 1765, proprement un but, ou, pour mieux dire, un oiseau de bois, garni de plaques de fer, et que des habitans d'une ville ou d'une bourgade se proposaient d'abattre à coups de fusil. C'est ce qu'on nommait, ordinairement, l'exercice de l'arquebuse. Cette cérémonie avait lieu une fois l'an. Le vainqueur ou le roi, c'est-à-dire, celui qui abattait l'oiseau, avait, dans plusieurs contrées du royaume, des attributions assignées sur le produit des aides. On n'a pu découvrir de quelle nature était la faveur que ces Rois avaient voulu accorder à Brest, en lui donnant le Papegau.

(11)

Cette médaille représentait un matelot au bord de la mer, appuyé sur une colonne brisée, tenant à la main un gouvernail chargé de fleurs de lys, avec la légende bello et commercio *et l'exergue* sexaginta millia nautarum conscripta.

(12)

Cette création donna lieu à une seconde médaille, sur laquelle était représenté un officier au bord de la mer, ayant, à sa droite, un jeune homme regardant une boussole, et à sa gauche, un autre jeune homme mesurant une carte marine avec un compas. La légende *de*

(12)

cette médaille était : Octingenti Juvenes in navalem militiam conscripti.

(13)

Cette église était dédiée aux sept premiers évêques de la Bretagne, Saint-Pol, Saint-Corentin, Saint-Tugdual, Saint-Paterne, Saint-Samson, Saint-Brieuc et Saint-Malo.

(14)

La cérémonie de poser ainsi le talon, et de faire sur lui le tour dont on parle, avait lieu pour prouver que l'église de Saint-Louis, et le fond de cette église appartenaient à la ville et dépendaient d'elle, et non des Jésuites.

(15)

Le droit de faire sauter ainsi à l'eau tous les jeunes mariés dans l'année, et tous ceux qui avaient fait bâtir depuis trois ans, était un droit féodal. Il appartenait aux seigneurs de Lapallu. Ces sauteurs concouraient à gagner un prix. On l'obtenait en arrachant des oranges suspendues autour d'une couronne de verdure, elle-même suspendue à une corde qui passait sur le rouet d'une poulie frappée à l'extrémité d'une vergue. Par un mouvement de va-et-vient la couronne descendait près de l'eau, et remontait. Il fallait que le nageur saisît le moment favorable d'empoigner l'orange.

La première avait le premier prix, et ainsi de suite, jusqu'à la quatrième, exclusivement. Le surplus des oranges n'avait rien.

(16)

Les deux pièces de vers suivantes coururent la ville à l'époque de la mort de cet officier anglais.

D'un séducteur adroit, victime infortunée,
Gordon, sur l'échafaud, nous fit verser des pleurs ;
Son courage honora sa triste destinée :
Il finit en héros sa vie et ses malheurs.

Un perfide vieillard séduisit ma jeunesse.
Un sage magistrat confondit mes projets.
Une mort héroïque expia ma faiblesse.
Un peuple généreux me donna des regrets.

(17)

Une dame de Brest fit, à cette occasion, le quatrain ci-après :

De vos propres sujets n'avez-vous point assez ?
Voulez-vous donc régner sur tout ce qui respire ?
En subjuguant les cœurs par-tout où vous passez,
Des princes vos voisins c'est usurper l'empire.

(18)

Cette portion de la ville de Brest a été longtemps très-peu de choses. Il n'y avait aucune foire ni marché

marché qui obligeassent les autres paroisses d'y aller. Les droits de gerbe qu'on y percevaient étaient établis sur Saint-Pierre Quilbignon, Plouzané, et Guiler, dont les habitans ne pouvaient, sans l'acquitter, passer du côté de Brest, pour s'y défaire de leurs denrées.

Ce droit existait avant le mariage de la Reine Anne. Un acte passé le cinq avril 1440, entre Ollivier Duchatel, et Guyomar de Cornouailles, en fait mention. Cet acte constate que Guyomar reconnaît tenir à ramage ce droit de passage à Brest, avec obligation d'en répéter la reconnaissance aux prochains généraux plaids de Lesneven.

(19)

Cette dernière église bâtie sur l'un des terrains les plus élevés de Recouvrance, sans être précisément d'un mauvais style, ne présente pourtant rien de remarquable dans son architecture. Elle a aussi son jeu d'orgue, mais il est moins complet et moins beau que celui de Brest.

Avant la révolution, les prêtres qui desservaient cette paroisse, étaient obligés, en la personne de leur recteur, d'accompagner celui de Brest, seulement une fois l'an, à une procession qui avait lieu, le jour de l'Assomption, à Saint-Louis.

(*Dictionnaire historique de Bretagne*, par Ogée.)

(20)

On lisait jadis sur cette fontaine, l'inscription suivante, composée en deux vers latins.

Quæ prius infestis sociam se junxerat undis,
Fœderê nunc ruptô, lympha benigna fluit.

(21)

Avant d'être ministre, ce grand homme était simplement évêque de Luçon. Sa fortune fut commencée par le Maréchal d'Ancre, et continuée par M. de Luynes qui, en 1620, lui fit une promesse du chapeau de cardinal. En 1624, il entra au conseil, par la protection de la Reine, et en 1627, il fut, par un édit, enrégistré le dix-huit mars, créé chef et surintendant général de la navigation et du commerce de France. Il mourut, à Paris, dans son palais, le quatre décembre, 1642, âgé de 58 ans. Les belles-lettres ainsi que les arts furent particulièrement honorés par lui. Le successeur de son nom, de ses talens et de ses vertus, marche parfaitement sur les traces glorieuses de ce génie supérieur.

(22)

On regrette d'autant plus, aujourd'hui, la destruction de ce couvent, qu'indépendamment de l'instruction qu'il procurait aux filles des bourgeois de Brest, il assurait également une pension, un asile commode, et des soins assurés aux dames âgées, à qui leur peu de fortune ne permettait pas de vivre tout à fait dans le monde, pour une modique rétribution de quatre cents livres par an.

---

(25)

A l'occasion de ces fontaines, nous rappellerons ici celles de Loc-hore, du Bois-d'amour, de la Pie et du Château. Si l'on peut s'arrêter aux opinions du vulgaire, les diverses dénominations données aux fontaines et aux places tiennent à des faits positivement reconnus. En 1740, la partie supérieure de Brest n'offrait que des champs plus ou moins cultivés. Un bois agréable environnait la fontaine connue sous le nom du Bois d'amour. Ce bois était formé de dix ou douze lauriers. Le nombre des domestiques qui allaient à cette fontaine était très-considérable. On y attendait long-temps son tour, ce qui donnait aux filles le loisir d'espérer leurs amans, à l'ombre des lauriers.

Cette tradition est d'autant plus vraisemblable, que la rue qu'on y a formé depuis, a conservée constamment le nom de ce bois.

Il est de même probable que la place de Médisance, n'a été ainsi désignée, que parce que les jeunes officiers et les gardes de la marine se réunissaient aux environs de sa fontaine, assise d'abord dans son milieu, et déplacée, ensuite, sous l'intendance de M. Hocquart, pour être reconstruite au lieu où elle existe maintenant. Ils y attendaient l'heure du dîner, et là, se faisaient confidence des bonnes fortunes qu'ils prétendaient avoir eues, et de toutes les anecdotes scandaleuses arrivées ou non arrivées.

(*Note de M. d'Aboville, ancien gouverneur de Brest.*)

(24)

Ces colonnes, dit M. Cambri, *dans son catalogue des objets d'arts échappés au vandalisme dans le département du Finistère, faisaient partie de celles que M. de Seignelai fit enlever à Leptis Magna, Lebeda, Lebida ou Lebda, au royaume et sur la côte de Tripoly Elles furent transportées au Havre : quatre d'entr'elles, conduites à Paris, furent élevées sur la place des Victoires, et donnèrent lieu à cette saillie gasconne.*

Cadédis, tu me bernes,
De mettre le soleil entre quatre lanternes.

Les quatre dernières, qui parent le maître-autel de l'église de Brest, avaient été laissées au Havre. M. Bigot de Lamothe, intendant de la marine à Brest, les obtint pour cette paroisse. Leur état de dégradation et de défectuosité les fit retravailler et repolir, c'est ainsi qu'elles ont été employées.

(25)

Ce monsieur Frézier, à qui Brest doit plusieurs de ses embellissemens, était un homme du premier mérite. Il est mort regretté de tous, mais parti-

culièrement de ceux qui avaient eu des liaisons d'amitié avec lui. Il est auteur d'un Traité de navigation, d'un second ouvrage ayant pour titre, Élémens d'astronomie, et d'un Voyage de la mer du sud au Chily et au Pérou; il a composé, enfin, un dernier livre sur la coupe des pierres, livre dont le monde savant fait le plus grand cas.

(26)

Ces faits, et les suivans, relatifs aux Jésuites, sont de la plus grande exactitude. Ils sont puisés dans les requêtes présentées au Roi, par les maire et échevins de la communauté de Brest, pendant l'instance concernant la propriété de l'église paroissiale de Saint-Louis. Ils ont été communiqués à l'auteur, par M. Jean César Siviniant, greffier en chef des tribunaux maritimes, citoyen aussi recommandable par les qualités du cœur, que par celles de l'esprit. Il est possesseur des originaux de ces requêtes.

(27)

L'on me pardonnera, je l'espère, de citer ici l'anecdote suivante, relative à ces pères.

Monsieur de Maurepas, en visitant les ports de la marine française, se rendit à Brest. Les Jésuites sachant qu'il ne les aimait pas, et jaloux de prouver le contraire au peuple, eurent la pensée de lui demander un tableau pour le maître-autel de leur église. Il y consentit. Les Jésuites se retirèrent satisfaits de l'avoir contraint à donner une preuve publique de considération pour leur ordre.

Le Ministre de retour à Paris, fait part au célèbre peintre Boucher de son embarras, et de l'obligation d'acquitter sa parole. Boucher imagine alors de peindre une Annonciation, dans laquelle la Vierge même n'était qu'un accessoire. Le dos de l'ange très-nud, très-prononcé, devenait l'objet principal du tableau. L'ouvrage ainsi conçu, fut exécuté, et parvint à Brest. Il était annoncé; tout le monde alla le voir : les Jésuites hésitaient; mais ils ne pouvaient, sans manquer au Ministre, refuser de se parer de ses dons. Ils exposèrent donc à la vénération des fidèles ce tableau épigrammatique, et il resta sur le maître-autel jusqu'à la destruction de l'ordre.

(*Cambry. Catalogue des objets échappés au vandalisme.*)

---

(28)

Une inscription en style lapidaire, et conçue en ces termes, en constate l'époque.

Joseph Caffarelly, Conseiller-d'État, Préfet maritime, Grand officier de la Légion d'Honneur.

Il fut le protecteur de l'École de Santé de ce port, et il fonda, en l'an onze, cette bibliothèque.

La reconnaissance a voulu perpétuer le souvenir de ses bienfaits.

Brest, le 18 Thermidor, an 12.

(29)

Si, cédant à de justes réclamations, le Gouvernement ordonnait la fondation d'un nouvel hôpital pour la marine, l'exécution du plan tracé par M. Trouille, chevalier de l'Ordre Royal de la Légion d'Honneur, ex-législateur, et maintenant, ingénieur en chef des Ponts et Chaussées au port de Brest, serait tout ce que l'on pourrait désirer de plus avantageux.

Parfait dans toutes ses parties, ce plan offre réunis tous les avantages d'un semblable établissement, et ne présente aucune des incommodités qui existent dans l'hospice du Séminaire.

(30)

Il a été question, pendant quelque temps, de céder ce Quartier aux troupes de terre, en échange du Château, où les troupes de la marine se seraient trouvées plus rapprochées des objets qui les concernent, et dont la garde leur est spécialement confiée par leur organisation. L'établissement d'un port marchand dans cette ville, en avait fait naître l'idée. Tout portait à croire que ce projet se réaliserait : déjà on avait commencé au dessous du Château la jetée qui devait faire partie de ce nouveau port, qui eut donné à l'ancien une importance bien plus grande : mais ces travaux ayant été suspendus, tout-à-coup, n'ont laissé aux brestois, que le désir de les voir reprendre avec plus de constance et d'activité.

NOTICE SUR MONSIEUR BILLARD.

Monsieur Billard (François Gilbert Honoré), vient de terminer son utile carrière à l'âge de quarante-six ans. Une mort inopinée l'a ravi à l'amour de ses nombreux élèves, et à l'estime générale de ses concitoyens. Bon époux, bon père, bon ami, dans sa courte existence, il donna constamment l'exemple de toutes les vertus.

Profond dans son art, il le consacra presque tout entier au service de l'infortune. Parvenu au grade éminent et mérité de second médecin en chef de la marine, au port de Brest, il fut dans ce poste distingué tout ce qu'il y devait être. Sa mémoire sera toujours chère à la classe nombreuse des marins, dont il adoucissait les maux, et les pauvres de la ville de Brest, lui ont unanimement voté un culte de gratitude et de reconnaissance. Ses conseils leur appartenaient, sa bourse leur fut souvent ouverte, et ses soins empressés ne leur manquèrent jamais. Aussi sa dépouille mortelle a-t-elle été accompagnée par un concours immense de citoyens de toutes les classes, comme pour lui offrir un dernier hommage de tous les sentimens qu'il avait su inspirer. Puissent les élèves qu'il chérissait comme un père, perpétuer son souvenir, en imitant religieusement ses vertus !

FIN.

Errata.

page 9 ligne 7 indingué... lisez indigné

page 26 & 27 lignes 1 & 9, 8... gentilhonm,... lisez gentilshommes.

page 72 lignes 13 et 14, aucuns titres, aucunes pièces, aucunes inscriptions,... lisez aucun titre, aucune pièce, aucune inscription.

page 126, ligne 13, origneal... lisez origin

idem 137... 18 peuves, lisez preuves.

classe nombreuse des marins, dont les
maux, et les pauvres de la ville de Brest, lui ont unanimement voté un culte de gratitude et de reconnaissance. Ses conseils leur appartenaient, sa bourse leur fut souvent ouverte, et ses soins empressés ne leur manquèrent jamais. Aussi sa dépouille mortelle a-t-elle été accompagnée par un concours immense de citoyens de toutes les classes, comme pour lui offrir un dernier hommage de tous les sentimens qu'il avait su inspirer. Puissent les élèves qu'il chérissait comme un père, perpétuer son souvenir, en imitant religieusement ses vertus!

FIN.

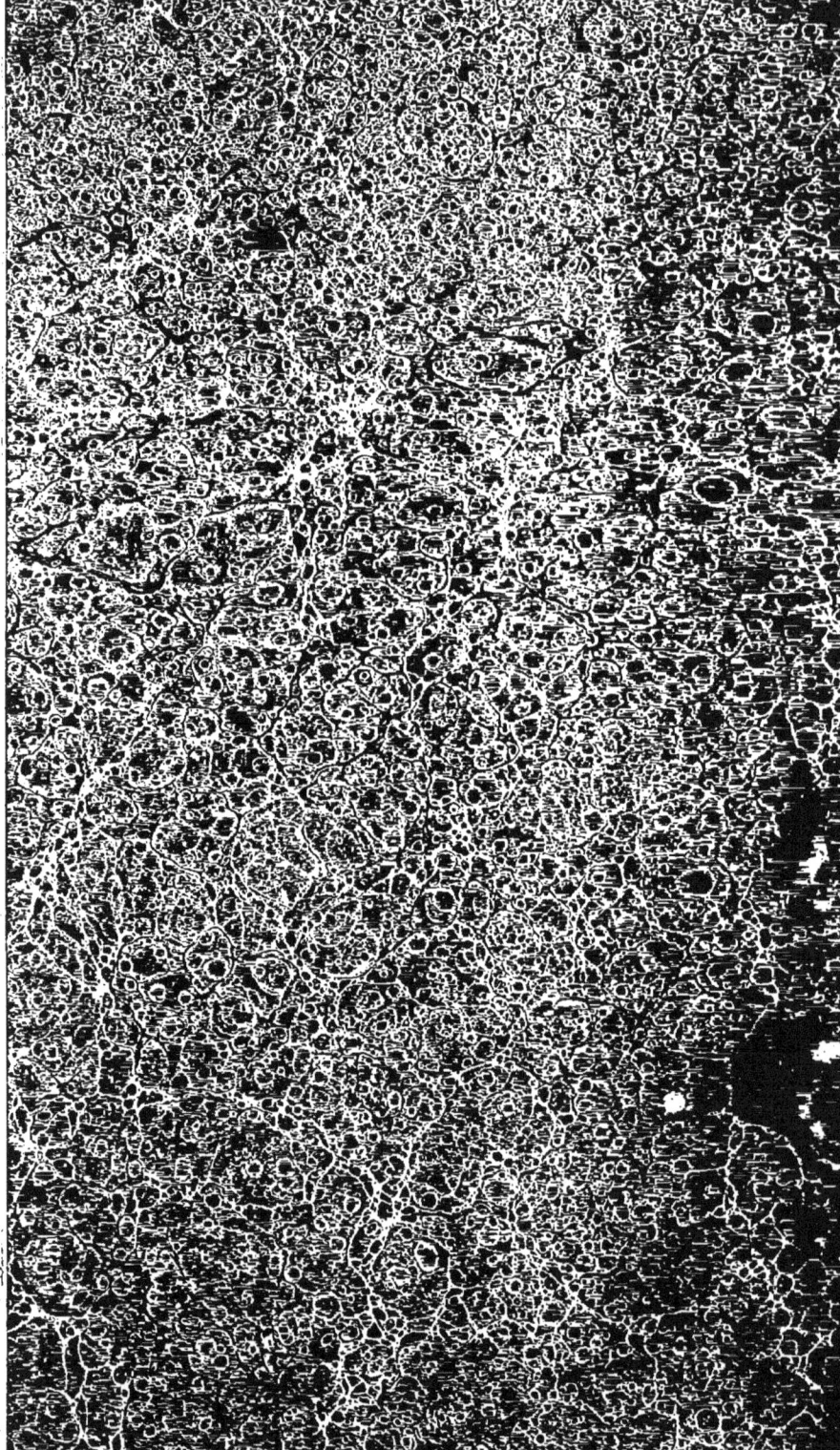

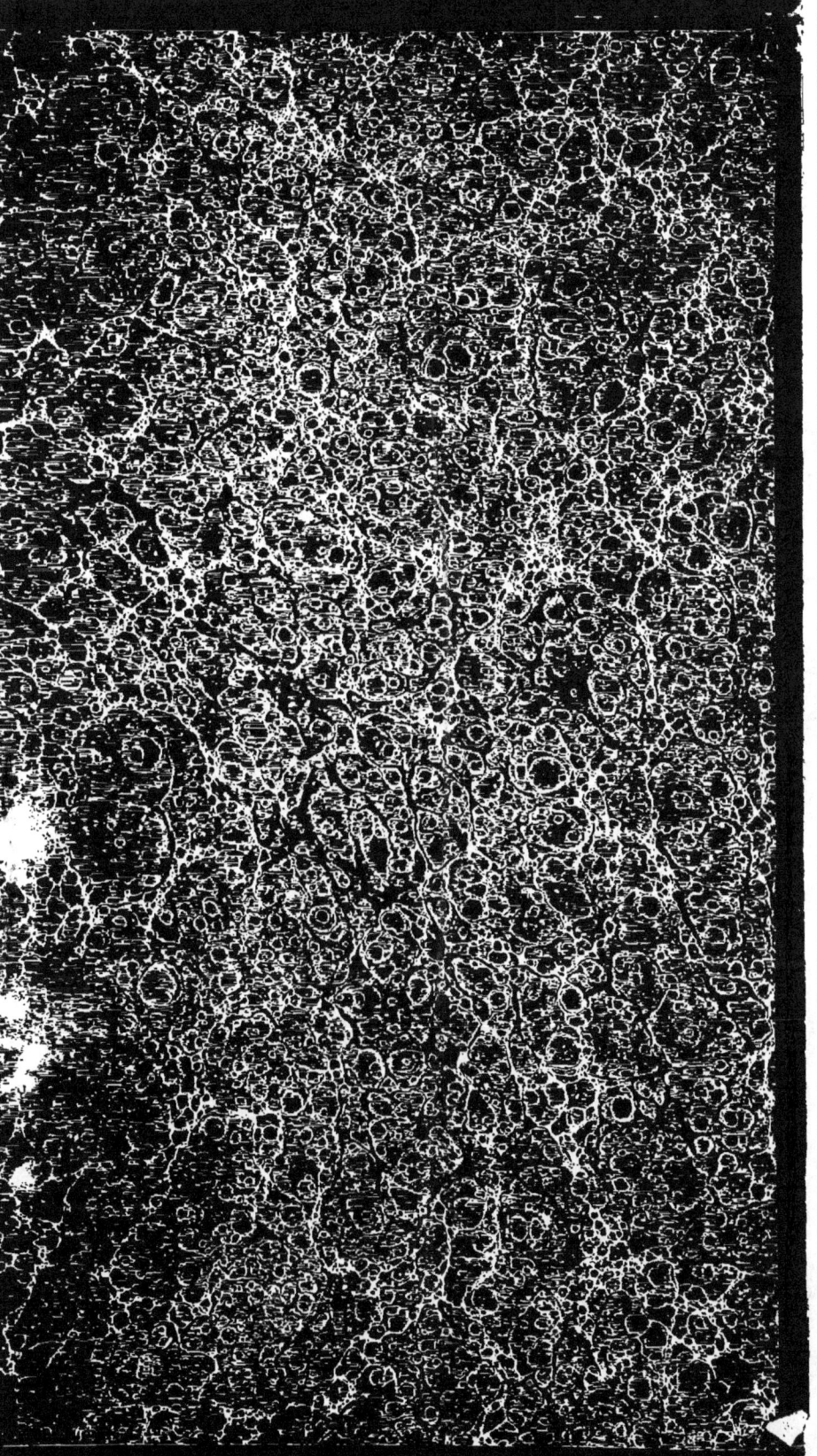

www.ingramcontent.com/pod-product-compliance
Lightning Source LLC
Chambersburg PA
CBHW060523090426
42735CB00011B/2345